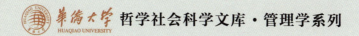

华侨大学 哲学社会科学文库·管理学系列

文库主编：贾益民

机构投资者持股、公司投资与公司业绩

INSTITUTIONAL INVESTORS SHAREHOLDING,
CORPORATE INVESTMENT AND CORPORATE PERFORMANCE

徐爱玲 著

社会科学文献出版社
SOCIAL SCIENCES ACADEMIC PRESS (CHINA)

华侨大学哲学社会科学学术著作专项资助计划

发展哲学社会科学　推动文化传承创新

——《华侨大学哲学社会科学文库》总序

哲学社会科学是研究人的活动和社会历史发展规律、构建人类价值世界和意义世界的科学，是人类文化的核心组成部分，其积极成果有助于提升人的素质、实现人的价值。中国是世界文明古国，拥有丰富的文化历史资源，中华文化的发展是世界文化发展进程中不可或缺的重要一环。因此，努力打造具有中国特色的哲学社会科学，全面继承和发展中华文化，对于推动中华文明乃至世界文明进程具有深远的意义。

当代中国，全面深化改革已经进入关键时期，中国特色社会主义建设迫切需要对社会历史发展规律的科学认识，需要哲学社会科学发挥其认识世界、传承文明、创新理论、资政育人和服务社会的作用。因此，深化文化体制改革、繁荣哲学社会科学，不仅是建设社会主义文化强国、丰富人民精神世界的需要，也是实现中华民族伟大复兴的中国梦的必由之路。中共中央高度重视哲学社会科学在实现中华民族伟大复兴的历史进程中的重要作用，先后出台《中共中央关于进一步繁荣发展哲学社会科学的意见》《中共中央关于深化文化体制改革、推动社会主义文化大发展大繁荣若干重大问题的决定》《中共中央办公厅、国务院办公厅转发〈教育部关于深入推进高等学校哲学社会科学繁荣发展的意见〉的通知》《高等学校哲学社会科学繁荣计划（2011—2020 年)》等一系列重要文件，全面部署繁荣哲学社会科学、提升中华文化软实力的各项工作，全面深化教育体制改革，为我国哲学社会科学事业的繁荣和发展创造了前所未有的历史机遇。

高等学校是哲学社会科学研究的重要阵地，高校教师和科研人员是哲学社会科学研究的主要承担者。因此，高校有责任担负起繁荣哲学社会科学的使命，激发广大教师和科研人员的科研积极性、主动性和创造性，为哲学社会科学发展提供良好的制度和环境，致力于打造符合国家发展战略和经济社会发展需要的精品力作。

华侨大学是我国著名的华侨高等学府，也是中国面向海外开展华文教育的重要基地，办学55年以来，始终坚持"面向海外、面向港澳台"的办学方针，秉承"为侨服务，传播中华文化"的办学宗旨，贯彻"会通中外，并育德才"的办学理念，坚定不移地走内涵发展之路、特色兴校之路、人才强校之路，全面提升人才培养质量和整体办学水平，致力于建设基础雄厚、特色鲜明、海内外著名的高水平大学。

在这个充满机遇与挑战的历史时期，华侨大学敏锐洞察和把握发展机遇，贯彻落实党的十七大、十七届六中全会、十八大、十八届三中全会、十八届四中全会精神，发挥自身比较优势，大力繁荣哲学社会科学。

一方面，华侨大学扎根侨校土壤，牢记侨校使命，坚持特色发展、内涵发展，其哲学社会科学的发展彰显独特个性。"为侨服务，传播中华文化"是华侨大学的办学宗旨与神圣使命，其办学活动及其成果直接服务于国家侨务工作与地方经济社会发展。为此，华侨大学积极承担涉侨研究，整合、利用优势资源，努力打造具有侨校特色的新型智库，在海外华文教育、侨务理论、侨务政策、海上丝绸之路研究、海外华人社团、侨务公共外交、华商研究、海外宗教文化研究等诸多领域形成具有特色的研究方向，推出了以《华侨华人蓝皮书：华侨华人研究报告》《世界华文教育年鉴》等为代表的一系列标志性成果。

另一方面，华侨大学紧紧抓住国家繁荣哲学社会科学的时代机遇，积极响应教育部繁荣哲学社会科学的任务部署，颁布实施《华侨大学哲学社会科学繁荣计划（2012—2020）》，为今后学校哲学社会科学的发展提供发展纲领与制度保证。该计划明确了学校哲学社会科学发展的战略目标，即紧抓国家繁荣发展哲学社会科学的战略机遇，遵循哲学社会科学的发展规律，发挥综合大学和侨校优势，通过若干年努力，使华侨大学哲学社会科学学科方向更加凝练，优势更加突出，特色更加鲜明，平台更加坚实；形成结构合理、素质优良、具有国家竞争力的高水平学术队伍；研究创新能力显著增强，服务国家侨务工作的能力明显提升，服务经济社会发展的水平不断提高，适应文化建设新要求、推进文化传承创新的作用更加凸显；对外学术交流与合作的领域不断拓展，国际文化对话与传播能力进一步增强。到 2020 年，力争使华侨大学成为国内外著名的文化传承与知识创新高地，国家侨务工作的核心智库，提供社会服务、解决重大理论和现实问题的重要阵地。

为切实有效落实《华侨大学哲学社会科学繁荣计划（2012—2020）》，学校先后启动了"华侨大学哲学社会科学青年学者成长工程""华侨大学哲学社会科学学术论文专项资助计划""华侨大学哲学社会科学学术著作专项资助计划""华侨大学哲学社会科学百名优秀学者培育计划""华侨大学人文社会科学研究基地培育与发展计划"五大计划，并制定了相应的文件保证计划的有效实施，切实推进学校哲学社会科学的繁荣发展。

"华侨大学哲学社会科学学术著作专项资助计划"作为《华侨大学哲学社会科学繁荣计划（2012—2020）》的重要配套子计划，旨在产出一批在国内外有较大影响力的高水平原创性研究成果，打造学术精品力作。作为此资助计划的重要成果——《华侨大学哲学社会科学文库》将陆续推出一批具有相当学术参考价值的学术著作。这些著作凝聚着华侨大学文科学者的心力、心气与智慧：他们以现实问题为导向，关注国家经济社会发展；他们以国际视野为基础，不断探索开拓学术研究领域；他们以学术精品为目标，积聚多年的研判与思考。

《华侨大学哲学社会科学文库》按学科门类划分系列，共分为哲学、经济学、法学、教育学、文学、历史学、管理学、艺术学八个系列，内容涵盖哲学、应用经济、法学、国际政治、华商研究、旅游管理、依法治国、中华文化研究、海外华文教育等基础理论与特色研究，其选题紧跟时代问题和人民需求，瞄准学术前沿，致力于解决国家面临的一系列新问题、新困境，其成果直接或间接服务于国家侨务事业和经济社会发展，服务于国家华文教育事业与中华文化软实力的提升。可以说，该文库的打造是华侨大学展示自身哲学社会科学研究力、创造力、价值引领力，服务中国特色社会主义建设事业的一次大胆尝试。

《华侨大学哲学社会科学繁荣计划（2012—2020）》已经实施近两年，经过全校上下的共同努力，华侨大学的文科整体实力正在逐步提升，一大批高水平研究成果相继问世，一批高级别科研项目和科研成果奖成功获评。作为华侨大学繁荣哲学社会科学的成果，《华侨大学哲学社会科学文库》集中反映了当前华侨大学哲学社会科学的研究水平，充分发挥了优秀学者的示范带动作用，大力展示了青年学者的学术爆发力和创造力，必将鼓励和带动更多的哲学社会科学工作者尤其是青年教师以闽南地区"爱拼才会赢"的精神与斗志，不断营造积极向上、勇攀高峰的学术氛围，努力打造更多造福于国家与人民的精品力作。

当然，由于华侨大学面临的历史和现实等主客观因素的限制以及华侨大学哲学社会科学工作者研究视野与学术积累的局限性，《华侨大学哲学社会科学文库》在研究水平、研究方法等方面难免存在不足之处，我们在此真诚地恳请各位读者批评指正。

最后，让我们共同期待《华侨大学哲学社会科学文库》付梓，为即将迎来 55 岁华诞的华侨大学献礼！让我们一起祝福华侨大学哲学社会科学事业蒸蒸日上！让我们以更大的决心、更宽广的视野、更精心的设计、更有效的措施、更优质的服务，培育华大社科的繁花硕果，以点滴江河的态势，加速将华侨大学建设成基础雄厚、特色鲜明、海内外著名的高水平大学，从而更好地服务海外华侨华人，支持国家侨务工作，配合国家发展战略！

华侨大学校长、教授、博士生导师　贾益民

2015 年 4 月 28 日于华园

摘　要

　　机构投资者是在金融全球化、福利改革等因素影响下迅猛发展起来的，它的发展历史并不长，但机构投资者的崛起可以说是全球金融体系最近 30 多年来最重大的变化之一，目前，机构投资者已成为全球资本市场特别是成熟资本市场的主导力量，影响着金融市场的稳定和资源配置效率，在企业微观层面，机构投资者对公司治理产生了重大和深远的影响。公司治理的目的是保证公司决策科学化，而投资决策是公司最重要的财务决策之一，是公司成长的主要动因和未来现金流量增长的重要基础。因此，本书致力于研究机构投资者与持股公司投资决策之间的相互关系及这种关系的经济后果，试图为机构投资者的发展、公司投资决策提供证据。本书总体内容按篇章结构安排为八部分。

　　第一章，绪论。主要介绍本书的研究背景和意义、研究思路与方法、主要研究贡献等。

　　第二章，文献综述。对机构投资者积极主义和机构投资者异质性、机构投资者持股与公司投资、机构投资者持股与公司业绩等方面的相关文献进行了回顾。

　　第三章，制度背景。首先，在界定我国机构投资者的基础上，回顾了我国机构投资者的发展历程、现状及自身存在的约束，其次分析了我国机构投资者存在与发展的外部环境，包括市场环境、法律制度及公司治理状况等。

　　第四章，理论基础与机理分析。分别对代理理论、信息不对称理论、公司治理与公司投资理论的融合、利益相关者理论等理论基础进行了梳理，从理论上分析了机构投资者在公司治理方面发挥作用的动因和方式，并阐述了机构投资者对公司投资支出可能发生的作用及作用机理。

第五章，机构投资者持股与公司投资：持股偏好分析。采用资本市场和公开来源数据，结合相关理论预期，提出若干假说，检验机构投资者在上市公司特征（成长性、赢利能力、股利政策、公司规模、财务风险）、市场表现（上市年限、风险与成长机会、股票交易成本、股票市场回报率）、公司治理（会计信息质量、股权集中度、董事会特征）等方面是否存在持股偏好。

第六章，机构投资者持股与公司投资：治理作用分析。结合相关理论预期，以及我国国企所处的宏观经济背景和内部微观治理结果，提出若干假说，首先，检验了机构投资者持股是否对上市公司投资支出的规模有影响。其次，检验机构投资者对上市公司非效率投资是否有抑制作用，从投资不足和过度投资两方面分别检验了机构投资者持股的影响作用。

第七章，机构投资者持股、公司投资与公司业绩：经济后果分析。在相关理论分析的基础上，提出若干假说，检验了机构投资者对投资支出的影响作用是否最终带来企业价值的提升。

第八章，结语。总结本书的研究结论和启示、局限性及未来的研究方向。

本书的主要结论有：第一，我国机构投资者具备一定的信息优势，能通过对上市公司相关信息的分析、鉴别，选择较具投资价值的股票。第二，我国机构投资者在被投资公司的投资支出方面具有一定的治理作用。第三，从公司业绩的视角来看，我国机构投资者起到了一定的积极作用，这种积极作用部分是通过对投资支出的影响，间接地促进了公司业绩的提升。第四，机构投资者具有异质性。基金持股是机构投资者中占主导地位的机构类别。

关键词：机构投资者；投资决策；非效率投资

Abstract

Institutional investors, which have become the dominant force of the global capital markets, particularly the mature capital markets, developing in the context of the financial globalization, welfare reform and other factors. However, as a new invest – subject in the markets, the institutional investors have changed significantly the global financial system in the last 30 years. Currently, institutional investors exert important influence on the stability of the financial market and the efficiency of the resource allocation. Moreover, from the micro – level, institutional investors have significant and far – reaching impact on corporate governance. The purpose of corporate governance is to ensure the science of the corporate decision – making and the investment decision – making, as one of the most important financial decision – making, is the main motivation of the growth of the company and an important foundation for the growth of the future cash flow. Therefore, this book aims to study the relationship between the institutional investors and the investment – decisions of the companies and its economic consequences, and to try to provide evidence for the development of institutional investors and for the investment decision – making of the companies.

This book is divided into eight parts by chapter structure:

Chapter I (Introduction) mainly introduces the research background and significance, the research ideas and methods, and the main contributions, etc.

Chapter II (Literature Review) reviews the relevant literature related to the institutional investor initiative and heterogeneity, institutional investor shareholding and corporate investments, institutional investor shareholding and corporate performance.

Chapter III (Institutional Background), firstly, on the basis of defining the institutional investors of our country, reviews the development course, the present situation and the internal restraints of the institutional investors in China. Secondly, it analyzes the external environment of the institutional investors' existence and development, including the market environment, the legal system and the corporate governance.

Chapter IV (Theoretical Basis and Mechanism Analysis), combing the agency theory, the information asymmetry theory, the integration of corporate governance and corporate investment theory, the stakeholder theory, analyzes the motivation and the methods in which institutional investors play a role in corporate governance, and expounds the possible role of institutional investor in the company's investment expenditure and its mechanism.

Chapter V (Institutional Investors Shareholding and Corporate Investment: Analysis of Shareholding Preference), using the date of capital market and public source, combined with the relevant theoretical expectations, puts forward a number of hypotheses to examine whether institutional investors have a preference for holdings in terms of the characteristics of listed companies (growth, profitability, dividend policy, firm size, financial risk), the market performance (listing time, risk and growth opportunities, stock transaction costs, stock market returns), the corporate governance (accounting information quality, equity concentration, board characteristics) and so on.

Chapter VI (Institutional Investors Shareholding and Corporate Investment: Analysis of Effect of Corporate Governance), combined with the relevant theoretical expectations, the macro – economic background and the internal micro – governance results of our country's state – owned enterprises, puts forward a number of hypotheses to examine, firstly, whether institutional investors shareholding has an impact on the scale of the investment expenditure of listed company, and secondly, whether institutional investors have an inhibitory effect on the inefficient investment of listed company. Specially, it examined the impact of institutional investors shareholding from both underinvestment and overinvestment.

Chapter VII (Institutional Investors Shareholding, Corporate Investment and Corporate Performance: Analysis of Economic Effects) , on the basis of relevant theoretical analysis, puts forward a number of hypotheses to examine whether the influence of institutional investors on investment expenditure will bring about the improvement of enterprise value.

Chapter VIII (Epilogue) summarizes the conclusions, the implications and the limitations of this book, and the future research.

The main conclusions of this book are as follows: 1. China's institutional investors have certain information superiority. They can identify the stock with investment value through the analysis relevant information of listed companies. 2. China's institutional investors have played a certain governance role in the investment expenditure of invested companies. 3. From the perspective of corporate performance, China's institutional investors have played a positive role. This positive role promoted indirectly the improvement of company's performance through its impact on the investment expenditure. 4. Institutional investors are heterogeneous. Found holdings are the dominant institutional categories of institutional investors.

Key Words: Institutional investors; Investment decision – making; Inefficient investment

目　录

Contents

第一章　绪论

第一节　研究背景与研究意义

机构投资者是在金融全球化、福利改革等因素影响下迅猛发展起来的，它的发展历史并不长，但机构投资者的崛起可以说是全球金融体系最近30多年来最重大的变化之一，目前，机构投资者已成为全球资本市场特别是成熟资本市场的主导力量，它对发达国家的储蓄增长、资源配置变化、资本市场稳定和公司治理等都产生了重大和深远的影响。

在全球机构投资者日益发展的趋势下，我国机构投资者也在近年得到长足发展，培育专业、成熟的机构投资者是监管层大力推行的工作之一，企业年金、住房公积金、养老金等长期资金的入市政策逐渐松绑，以证券投资基金为代表的机构投资者出现蓬勃发展的趋势。根据相关资料，截至2009年年底，机构投资者持股市值占股市流通市值的比重已逾50%，机构投资者在超过60%的上市公司中进入了前十大股东之列。根据证监会资料，截至2014年年底，我国共有95家基金管理公司，其中已有73家设立专户子公司。基金管理公司总资产1020.65亿元，净资产657.56亿元，管理资产合计6.68万亿元。根据国家外汇管理局统计数据，截至2016年2月23日，我国的QFII已达279家，历年来QFII累计获批投资额度达807.95亿美元。中国形成了以证券投资基金为主，合格境外机构投资者、保险基金、社保基金、企业年金等机构投资者相结合的多元化发展格局，证券市场正逐步走向机构投资者时代，作为资本市场的重要主体，机构投资者参与公司治理的时代已悄然到来。Lashbrooke（1995：

450）甚至认为，"公司治理问题不再是交易和经济学问题，而是机构投资者采取积极还是消极态度的问题"。

公司治理的目的……是保证公司决策科学化（李维安、唐跃军，2005：39）。投资决策是公司最重要的财务决策之一，是公司成长的主要动因和未来现金流量增长的重要基础。Myers（1977：150）指出，公司价值由过去投资活动产生的现有资产的价值和未来投资活动产生的预期现金流入现值两部分构成。传统理论中，企业的投资决策应遵循企业价值最大化的原则。Welch（2002：5）认为，公司理财的根本目的，不是设法筹集投资活动所需要资金，也不是股利政策，而是将资金配置到使用效率最高的投资项目中。但是由于受到内外部环境的影响，公司的投资决策往往会偏离企业价值最大化，产生非效率投资问题，如过度投资、投资不足等行为。投资效率问题也成为中国经济发展中的重要问题：Gugler 等（2004：633）研究发现，中国上市公司投资效率在 61 个样本国家中位列倒数第 5；辛清泉等（2007：1152）研究发现，1999~2003 年间，中国上市公司的资本投资回报率远低于 5% 左右的同期银行贷款利率，仅有2.6%，2000 年至 2008 年中国上市公司的投资收益仅为投资成本的一半左右（徐玉德、周玮，2009：135）。

理论研究及实践表明，信息不对称和代理问题是造成投资非效率的重要原因。股东与债权人之间的信息不对称，产生资产替代效应，而作为信息劣势一方的债权人，必然要求提高利率、增加贷款条约等形成资本溢价，因此提高了公司的资金成本，最终容易引起投资不足。而两权分离的现代公司制度导致的代理问题则可能引发公司的过度投资和投资不足。Jensen（1986：325）认为，由于代理问题，且存在信息不对称，股东无法全面真实了解管理者的行为及后果，管理者有可能从事那些可以为自己谋取私利而于股东无益的投资（Stulz，1990：12），比如大规模投资来建造自己的公司帝国（Brealey and Myers，2000：18）。此外，代理问题还有另外一种形式，即控股股东与小股东之间的冲突，当大股东股权集中到一定程度，同时资本市场对中小股东的保护机制不健全时，控股股东可能会牺牲小股东利益实现其控制权私人收益，这种行为被称为隧道行为，而过度投资、多元化投资、盲目投资等均是控股大股东可获得隐性收益的途径。

随着公司治理理论与现代财务理论交叉融合的逐步深入，公司治理在公司财务活动中发挥的作用也成为近年来的研究热点之一。拥有股东和市场投资者双重角色的机构投资者，既能以股东身份参与公司内部治理，又能以外部投资者身份发挥外部治理作用，机构投资者与公司的投资决策有何关系？更具体一些，公司的投资决策是否影响机构投资者的持股？而机构投资者持股对公司的投资决策又有何影响？我国资本市场尚处于"新兴加转轨"的阶段，在制度框架、市场基础和投资理念上，与发达国家资本市场存在很大的差异，与其他新兴市场也有差异。我国机构投资者在"超常规发展机构投资者"的政策背景下成长和壮大，而大多由国有企业转制而来的中国上市公司，在公司治理方面也存在自身的特点，投资决策在中国也有着不同的表现，这些均有别于其他资本市场，从而使得机构投资者的发展及其在公司治理方面作用的发挥必然有着不同于其他成熟资本市场的特点。在这样的市场环境中，以机构投资者股东积极主义、投资理论等相关理论为基础，在机构投资者迅猛发展的背景下，机构投资者能否发挥积极作用，促使我国上市公司在投资决策方面更为科学化？能否通过有效的途径参与公司治理，加强对管理层的监督，从而降低投资非效率的程度，并最终提高公司价值？这些是本书的研究动机与目标所在。

研究这些问题的理论意义有两点。

首先，有助于拓展企业投资问题的研究视角，丰富和完善投资理论，推动中国投资行为的研究。从机构投资者与公司投资的关系研究投资规模、投资效率及其对公司价值的影响，可丰富公司治理结构下的公司投资理论。

其次，全面考察机构投资者对上市公司投资行为的作用及其效率效果，可为机构投资者的公司治理作用研究提供新的证据。

研究这些问题的现实意义也有两点。

首先，为监管者引导机构投资者发展提供了思路，为更好地促进我国机构投资者的发展及其在公司治理方面进一步发挥积极作用提供了参考。我们的研究表明，机构投资者具有信息优势，并能将这种信息优势传递到市场中，促进资本市场的良性发展。"新兴加转轨"时期的中国资本市场中的社会制度环境不同于他国，公司治理现状也有别于完善的资本市场，如上市公司股权结构独特，"一股独大""内部人控制"等现象必然影响机构投资者的公司治理实践。在这样的环境中，机构投资者在公司的财务活动中发挥怎样的作用、影响机构投资者股东积极主义的因素有哪些，都是机构投资者研究和公司治理研究中极具实践意义的研究课题。

其次，为提高我国上市公司投资决策的科学性提供实践建议。从机构投资者治理的角度分析公司投资决策活动，有助于揭示上市公司投资行为的相关影响因素，为上市公司进行科学投资决策、减少非效率投资行为进而提升企业价值提供理论参考和可行建议，也有利于引导企业建设完善的公司治理机制，科学决策，防范投资风险，提高投资效率和经营业绩。

第二节　研究思路、内容与方法

一　研究思路

本书首先阐述了代理理论、信息不对称理论等基础理论，回顾了机构投资者和投资决策的相关理论研究现状，奠定了本书的研究基础，然后分析了我国机构投资者的发展现状、制度约束等，在此基础上提出了机构投资者与上市公司投资决策之间关系的理论解释，并提供了相应的实证证据。

通过文献回顾和对相关问题的思考，本书试图从以下方面研究机构投资者与上市公司投资的关系。

（1）机构投资者持股偏好分析。机构投资者持股偏好一方面反映了机构投资者的价值发现功能，另一方面也反映了机构投资者关注上市公司的哪些指标，这是机构投资者参与公司治理、实现价值创造的基础。本书实证检验了机构投资者是否具有信息优势，即上市公司的特征信息、市场表现、公司治理等信息对机构投资者持股是否有影响，特别地，机构投资者是否偏好会计信息披露质量高、注重长期投资的上市公司。

（2）机构投资者治理作用分析。首先，实证检验机构投资者是否影响上市公司投资决策，促使管理层做出与股东价值最大化目标一致的决策，及机构投资者持股对上市公司投资支出规模有何影响；其次，实证检验机构投资者是否对上市公司非效率投资有抑制作用，对自由现金流引起的过度投资和融资约束引起的投资不足分别有何影响。

（3）机构投资者影响公司投资的经济后果分析。实证检验机构投资者对上市公司投资决策的作用效果，即机构投资者对上市公司投资决策的影响是否提升了公司业绩并最终增加了公司价值。

二 研究内容

本书总体内容按篇章结构安排为八部分，章节内容安排如下。

第一章，绪论。主要介绍研究背景和意义、研究目的、研究框架等内容。

第二章，文献综述。回顾了机构投资者积极主义和机构投资者异质性、机构投资者与公司投资、机构投资者与公司业绩等方面的相关文献。

第三章，制度背景。首先，在界定我国机构投资者的基础上，回顾了我国机构投资者的发展历程、现状及自身存在的约束，其次分析了我国机构投资者存在与发展的外部环境，包括市场环境、法律制度及公司治理状况等。

第四章，理论基础与机理分析。分别对代理理论、信息不对称理论、公司治理与公司投资理论的融合、利益相关者理论等理论基础进行了梳理，从理论上分析了机构投资者在公司治理方面发挥作用的动因和方式，并阐述了机构投资者对公司投资支出可能发生的作用及作用机理。

第五章，机构投资者持股与公司投资：持股偏好分析。采用资本市场和公开来源数据，结合相关理论预期，提出若干假说，检验机构投资者在上市公司特征（成长性、赢利能力、股利政策、公司规模、财务风险）、市场表现（上市年限、风险与成长机会、股票交易成本、股票市场回报率）、公司治理（会计信息质量、股权集中度、董事会特征）等方面是否存在持股偏好。

第六章，机构投资者持股与公司投资：治理作用分析。结合相关理论预期，以及我国国企所处的宏观经济背景和内部微观治理结果，提出若干假说，首先，检验了机构投资者持股是否对上市公司投资支出的规模有影响。其次，检验机构投资者对上市公司非效率投资是否有抑制作用，从投资不足和过度投资两方面分别检验了机构投资者持股的作用。

第七章，机构投资者持股、投资支出与公司业绩：经济后果分析。在相关理论分析的基础上，提出若干假说，检验了机构投资者对投资支出的影响作用是否最终带来企业价值的提升。

第八章，结语。总结本书的研究结论、启示、可能的研究贡献及未来的研究方向。

本书的总体研究框架如图1－1所示。

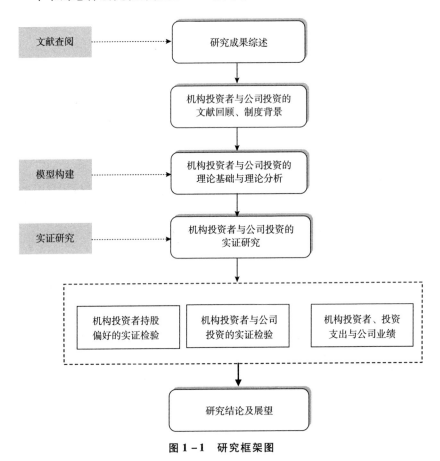

图1－1 研究框架图

三 研究方法

本书遵循发现问题、分析问题、验证问题和解决问题的思路来设计，运用规范分析和实证检验相结合的研究方法，并以实证研究方法为主。

本书采用规范分析方法，通过理论的演绎、归纳，对国内外机构投资者研究现状进行整理、分析，并对我国机构投资者发展的制度背景等进行分析，结合投资支出的相关理论，对机构投资者的公司治理作用机理及渠道等进行了理论分析，为后文的实证研究提供了分析的基础。

本书结合中国的制度背景，采用实证研究方法，运用线性回归检验了机构投资者的信息优势和机构投资者对上市公司投资支出规模等的影响；运用中介效应检验方法，在控制了内生性问题的影响后，研究了机构投资者持股对上市公司投资效率、公司业绩的作用。

最后，以理论分析和实证证据为基础，提出了改善和促进我国机构投资者发展的建议。

本书财务数据、股权结构数据、机构持股数据等来自北京聚源锐思数据科技有限公司开发的锐思数据库，最终控制人数据来自上海万得信息技术股份有限公司开发的 WIND 数据库，股票交易数据来自香港理工大学与深圳国泰安信息技术有限公司联合开发的 CSMAR 数据系统。

本书数据处理使用 STATA 计量分析软件进行。

第三节　主要研究贡献

从国内外的研究现状来看，对机构投资者自身特征及其在公司治理、金融市场两大领域发挥作用的研究相对较为丰富，企业投资理论的发展也有较长的历史，这为本书的研究提供了大量的理论和实践依据。但由于投资决策本身的复杂性，及我国机构投资者发展的现状，将二者结合的研究相对较少。应该说，本研究以代理理论、信息不对称理论、公司治理理论与投资理论为基础，首次较为系统地研究了我国机构投资者持股与上市公司投资决策的关系，包括持股偏好分析、治理作用分析、经济后果分析，为评价我国机构投资者的发展现状和引导我国机构投资者的未来发展提供了理论支持。具体来说，本书的主要贡献有以下五点。

第一，拓展了机构投资者参与公司治理的研究范畴，重点研究了机构投资者在公司的"科学决策"这一层面的公司治理中所发挥的作用，系统研究机构投资者对被投资公司投资决策的治理效应，丰富了机构投资者股东积极主义的理论研究。机构投资者公司治理效应的研究已十分丰富，但以机构投资者为公司治理机制、以投资支出为公司治理的替代变量的研究并不多见。本书致力于研究机构投资者对投资支出的影响，从投资规模、效率及其经济后果等方面进行了探讨。

第二，丰富了公司投资的研究视角。从机构投资者与投资决策的关系这一视角，结合我国特殊的制度背景和股权结构特征，研究了公司投资支出规模、效率、效果等的影响因素，丰富了公司治理结构下的投资理论。

第三，系统检验了机构投资者持股对公司投资支出的影响。从机构投资者持股偏好出发，考察了机构投资者对公司投资支出率不同的上市公司是否有偏好，并以此为基础，对机构投资者对公司投资支出规模、效率的作用进行了验证，最后检验了机构投资者在公司投资方面的治理作用在公司业绩中的反应，形成了机构投资者与公司投资之间起因、作用、结果的系统研究。

第四，为机构投资者的异质性研究提供了进一步的证据。本书探讨了异质机构投资者的投资理念、持股特点，并阐述了机构投资者在此基础上所展现出来的公司治理行为，研究了不同类型机构投资者在公司投资支出规模、效率及其对公司业绩影响等方面的差异。研究结论丰富了机构投资者的理论研究，也为监管者制定机构投资者发展策略提供了理论依据。

第五，理论论证并实证检验了机构投资者对公司投资效率的作用机理。本书采用中介效应检验方法，分析了机构投资者对非效率投资的影响，并分别以自由现金流和资本成本为中介变量，检验了机构投资者提升公司投资效率的作用机制。

第二章　文献综述

企业投资行为联结着融资和股利政策，与之共同组成企业三大财务活动，它是企业成长的主要动因和未来现金流量增长的基础，但由于企业投资行为十分复杂，其理论发展十分缓慢，几乎处于停滞状态。20 世纪 80 年代以后，随着新制度经济学方法的引入，委托代理理论、契约理论等得到广泛应用，企业投资行为的研究得到极大的发展，公司治理也被引入企业投资行为的分析框架之下。机构投资者是公司治理的机制之一，其自身的蓬勃发展使其在公司治理中的作用日益显现，提高上市公司经营决策科学性方面的研究也日益丰富。

第一节　机构投资者积极主义的文献综述

尽管现阶段理论界并没有权威而统一的对"股东积极主义"的定义，但股东积极主义的行为早在 20 世纪 30 年代初就已出现。据美国投资者责任研究中心的文件记载，1932 年纽约联合煤气公司首次出现了股东积极主义，Lewis Gibert 联合小股东们，积极与公司管理层沟通，表达不满，而非仅仅"用脚投票"。股东积极主义的代表人物还有 Saul Alinshy，而 Honeywell 和 DowChemical 等公司则收到股东们的反战提案，该提案得到法庭的支持并得以实施。

相对于个人股东积极主义的较早觉醒，早期的机构投资者因受当时法制不健全等因素影响，投票权受到限制，无法直接干预管理层，只能被动采取"华尔街规则"，以"用脚投票"的方式维护自身权益（Johnson，1990：195）。直到 20 世纪 80 年代，这种情形才逐渐发生改变。相对于个人投资者而言，机构投资者一般采取理性投资策略，即实行较为稳定的投资组合策略，所持各公司股票比例相对较为稳定，一般不随意调整，并且，随着机构投资者规模的扩大，他们持有股份越来越多，"用脚投票"的成本越来越高，很难在希望的时点和价格上出售股票，这也促使机构投资者不会随意出售所持股份，因此，当公司出现不利于股东的决策时，机构投资者转而开始扮演积极股东的角色，更倾向于采取主动、积极的姿态，监控及干预持股公司管理层（Shleifer and Vishny，1986：300），参与公司治理，促使经理采取价值增加策略（Pozen，1994：145）。如美国运通公司、伯顿公司、通用汽车公司、IBM公司等国际著名企业，都遭遇过机构投资者协助撤换CEO的事件（Blair，1995：20），机构投资者强大的资本力量，使公司治理从不受监督控制的"管理人资本主义"发展为由投资者监督管理层的"投资人资本主义"。这种现象，即股东特别是机构股东依靠手中所掌握的投票权，对公司及管理层实施积极监督，改善公司业绩，提高股东收益，从监督中获取超额收益（Karpoff，Malatesta and Walkling，1996：369），可以看作股东积极主义。以基金公司、保险公司、信托公司等机构为主体的股东积极主义，学者们称为机构投资者积极主义。

　　股东积极主义的策略有三种：退出、发言、忠诚（Hirschman，1970：80），即"用脚投票"，出售所持股份；"用手投票"，借助各种正式或非正式手段影响管理层；"保持沉默"，不采取任何行动。机构投资者参与公司治理的行为，主要由其投资策略所决定。随着机构投资者研究的深入，学者们开始注意到，由于机构投资者自身各有不同的客户群体、投资偏好和投资目标，因此其对投资公司的监督方式和手段等都存在差异。

一　机构投资者持股与监督策略

　　许多学者的研究结论认为机构投资者在监督公司管理层时发挥了重大作用。Shleifer和Vishny（1986：302）指出，机构投资者可以在一定程度上缓解股权高度分散造成的"搭便车"的问题，加强对公司的监督。Kim和Verrechia（1994：53）的研究结论表明，机构投资者的信息处理优势使之可以形成有效的外部治理机制。Coffee（1991：1296）和Kochhar、David（1996：80）发现机构投资者在持股比例较高、出售股份的成本增大时，将更积极地监督管理层行为。而 McConnel、Servaes（1990：611）和 Nickell 等（1997：790）也认为机构投资者在企业中发挥了监督作用，提升了公司的绩效。

但也有学者对机构投资者发挥积极作用的观点提出了质疑。Pound（1988：243）对机构投资者在监督方面的不同态度进行了研究，发展出三种假说。第一，有效监督假说（Efficient Monitoring Hypothesis）。由于机构投资者在信息、专业方面都具有个人投资者所不具备的优势，因而监督成本较低，从而更有动力和意愿监督管理层，以提升公司价值、寻求长期收益，并能保护中小投资者的利益。第二，利益冲突假说（Conflict - of - Interest Hypothesis）。机构投资者内部可能存在的代理问题，会降低其监督被投资公司的意愿，限制其监督管理者的效果。第三，战略联盟假说（Strategic - of - Alliances Hypothesis）。机构投资者与持股公司可能存在合作关系，在双方不存在利益冲突时，公司决策能顺利进行，使公司价值提升，但机构投资者可能与管理层合谋损害小股东利益。利益冲突假说和策略合作假说均不支持机构投资者的积极作用，其后 Lipton 和 Rosenblum（1991：235）、Wohlstetter（1993：59）也指出，机构投资者有自身的利益函数，在追求自身利益最大化时有可能不关注企业长期的发展，有损企业长期价值。Shleifer 和 Vishny（1990：41）的研究也指出，机构投资者往往更关注企业当期业绩变量，通过频繁调整其投资组合以获得短期利益，较少关注企业的长期利益，Wahal（1996：20）也有机构投资者存在短视性的类似结论。

可见，由于监督成本的存在，并不是所有的机构投资者都能从股东积极主义中受益，机构投资者监督上市公司的策略受其自身持股规模、投资风格、投资策略等的影响。

（1）独立性。机构投资者是否与公司存在业务联系或潜在的业务联系，在很大程度上影响着机构投资者是否采取积极主义。Davis 和 Kim（2007：563）认为，与公司有密切业务关系的机构投资者，倾向于支持管理层，而与公司业务联系较少的机构投资者则无惧"得罪"管理者，会较主动地实施对公司管理层的监督。Aggarwal 等（2011：179）也对上述结论提供了支持，他们的研究发现，与公司没有业务联系的独立机构投资者能有效地改善公司治理质量。

（2）持股比例。一方面，受益于"规模经济"，机构投资者持股比例越高，搜寻信息时越有成本优势。他们拥有比个人投资者更多的专业知识，监督成本越低，监督收益越大（Almazan 等 2005：30；Chen 等，2007：285），采取主动监督管理层的策略更有利于他们维护自身利益。另一方面，机构投资者持股比例高，抛售股票会造成股价大幅下跌，"用脚投票"的成本较高，将使机构投资者利益受损。持股比例高的机构投资者，既有能力也有动力对持股公司实施监督（Grossman and Hart，1980：52；Shleifer and Vishny，1986：301）。殷红春、曹玉贵（2006：60）通过博弈模型分析得出，机构投资者持股比例、持股时间、监督成本和参与公司治理后公司股票价格的增值幅度等均影响机构投资者的监督意愿。因此，持股比例越高，机构投资者越会主动地承担监督责任。

（3）持股期限。长期持有公司股份的机构投资者，即使持股比例不高，也可以从公司的长期价值提升中获取收益。与短期机构投资者相比，进行长期投资的机构投资者监督成本更低，而监督收益更高（Chen，2007：286）。Gaspar 等（2005：160）发现，具有较长投资周期的机构投资者更有动力监督企业。因此，持股期限越长，机构投资者监督上市公司的意愿越强烈。Ryan 和 Schneider（2002：569）、Rubach 和 Sebora（2009：258）均发现，机构投资者的股东积极行动主要受持股规模、投资期限、业绩期望、压力敏感性、法律约束等因素的影响。我国学者也有类似的结论，余晓东和杨治南（2001：33）通过博弈分析指出，股东的持股时间越长，越有动力干预公司经营和树立严厉监督的"声誉"，股东持股比例较小，则从监管中获得的收益也较小，这些都是机构投资者积极主义的影响因素。

（4）投资稳定性。持股稳定性是机构投资者对公司采取主动监督策略的重要影响因素，持股稳定性越高，机构投资者监督公司的动机越强（Elyasiani and Jia，2008：1779）。

（5）法律制度及投资者保护程度。法律保护程度是机构投资者监督上市公司的外部影响因素之一，如机构投资者持股比例是否宽松，股票流通是否有限制，投资者保护程度是否充分等。Seki（2005：382）研究发现，机构投资者对所投资公司的监督积极程度，随着法律制度对机构投资者持股比例的放宽而提高。Giannetti 和 Koskinen（2010：152）研究多国之间机构投资者的投资行为后发现，机构投资者更愿意在投资者保护较好的国家进行投资。

此外，社会和政治压力、商业关系、政府管制等也对机构投资者监督意愿有不同程度的影响（Murphy and Van Nuys，1994：31）。

二 机构投资者持股与监督方式

概括而言，机构投资者参与公司治理主要采取以下一些方式。

1. 制定有效的公司治理原则与投票政策

一般而言，公司治理效率低下很大程度上源于没有一套良好并运行有效的公司治理理念和政策。为了改善公司治理现状，并使这种改善可持续下去，公共养老金机构积极介入公司治理的一个主要做法是制定有效的公司治理政策，并在其投资管理过程中及其外部管理人投资管理过程中具体运用。如 CalPERS 对美国国内投资、国际投资分别制定了详细的公司治理政策，这些政策都包含了核心原则和具体治理政策等内容。CalPERS 公司治理核心原则是强调公司股东与管理团队的权利、义务的详细划分和可测度性，以及董事的独立性、董事的自我评价机制、管理层薪酬激励与股东长期利益的一致性、对董事参与公司事务的时间要求等。

2. 向公众"曝光"不良公司治理

通常情况下，对于那些公司治理存在严重问题的公司，如缺乏独立董事、董事会结构不合理、高管薪酬选择期权过高、CEO 能力差等，公共养老金机构往往会通过向公众"曝光"的方式，将这些公司列入"焦点名单（Focus List）"。对列入焦点名单的问题公司，公共养老金机构将逐个深入分析决定是否能够通过参与公司治理（与董事和经理进行治理磋商）增加价值、提高绩效。除通过公开曝光来对经营不善的上市公司施加影响外，公共养老金机构还利用诸如"恐吓论坛"（Bully Pupits）一类的公开活动对那些业绩不佳的公司、给自己支付过高年薪的总经理以及那些没有将投资盈利足额转到公共养老金机构账户上和对公共养老金机构没有给予充分重视的公司进行惩罚。在曝光劣迹公司的同时，公共养老金机构也为在公司治理方面有优异表现的公司和个人颁奖。

3. 代理投票

依美国劳工部对养老基金托管者信托责任的规定，他们必须在经营管理中行使股东的投票权。而且，劳工部要求信托管理者在行使投票权时要从自己"是这一养老金计划的参与者和受益者"从而能"得到最经济的回报和受益"的角度来做出自己的判断，即规定他们要以该计划的投资参与者而不是公司雇员的身份来做这件事情。这一要求意味着公共养老金的受托管理者们在其经营管理中不能长期被动地行使投票权或在所有投票中都失误，而必须经过慎重考虑之后才能决策，并且他们必须为其投票决策提供可以被接受的解释。美国公共养老基金协会（Pension Fund Association）在最新修改的投资方针中规定：基金经理必须以负责的态度、完全本着受益人的利益，来行使投票权和股东权利，而且必须以文件形式记录其投资行动。这意味着，以后受托人不能只是签订代表委托书了事，然后以"空白"形式返还，把所有的事情都留给管理层去做。虽然这是对公共养老金协会自己的各家基金有约束力的表现，但事实上这些方针对整个养老基金业起到了指导作用。

4. 法律行动

当外部投资者因财务舞弊、市场操纵和虚假信息披露等公司本身问题而遭受重大损失时，法律赋予了投资者对公司依法提起诉讼、要求赔偿损失的权利。由于中小投资者持股比例小和普遍的搭便车行为，诉讼一般采取集体诉讼的形式。集体诉讼（Class Action）是指由一位或两位原告任"首席原告"，代表众多受害者提出起诉。在集体诉讼中，首席原告的指控应该与其他成员的指控一致，双方的利益也必须一致。首席原告必须确能代理其他集体诉讼成员参诉。一方面，要求前者与后者无利益冲突，另一方面，要求首席原告有足够的时间与精力为整个诉讼集体去争取权益。通常，小股东总是希望在别人的努力之下免费搭车，公共养老金机构因在资金、人力、资源和时间等方面的先天优势经常作为集体诉讼中的首席原告，代表众多中小股东向公司或公司高管人员讨回公道。

5. 公司教育与影响计划

良好的公司治理理念的核心在于树立健康的股权文化，应将尊重股东的利益放在第一位，致力于股东利益的最大化。为了宣传和普及这种公司治理文化，公共养老金机构经常通过发起组织公司治理论坛、举办国际会议、培训和讲座等多种形式，影响和倡导公司树立良好的公司治理理念。此外，公共养老金机构还与大学或研究机构建立起长期的合作和交流关系，加强与国际和区域范围内公司治理机构，如经济合作发展组织（OECD）、太平洋经济合作理事会（PECC）、亚洲开发银行（ADB）等的定期沟通与合作，通过公共养老金机构网站及时发布公司治理理论和实践的最新成果，让良好公司治理理念和实践的影响不断扩大。

三　机构投资者持股与监督效果

与个人投资者相比，机构投资者规模大、持股比例高、专业知识丰富，具有更强的监督能力和动力，对公司的监督也更有成效，Gillan 和 Starks（2000：285）的结论表明，机构投资者的议案更易获得支持，其支持票数超过个人投资者的 75%。机构投资者逐步成为历史上最活跃的股东之一，常常挑战甚至改变公司董事会和管理层的行为与意图。诸多学者的研究成果表明，机构投资者广泛参与到公司治理中，在上市公司的股利政策、盈余管理、薪酬契约及业绩等多方面均发挥了重要作用。

1. 股票红利

许多学者研究了机构投资者与上市公司股利政策的关系。Eckbo 和 Verma（1994：56）通过检验加拿大上市公司数据发现，现金红利水平与机构投资者持股比例正相关，机构投资者常会督促公司向股东发放股利。Moh'd 等（1995：375）、Short 等（2002：118）在美国和英国的上市公司中也发现了类似的现象。不过，Grinstein 和 Michaely（2005：1395）认为上述这种机构投资者和红利水平之间的正相关关系，是机构投资者主动选择投资对象的结果，而非主动采取监督措施的结果。

Eckbo 和 Verma（1994：60）研究发现，机构投资者常常强制持股公司改变股利政策，减少公司自由现金流，从而发挥对上市公司的监督作用。翁洪波、吴世农（2007：378）实证检验了 2001～2004 年我国上市公司的机构投资者持股、公司治理与现金股利的关系，发现机构投资者偏好发放现金股利的公司，虽然机构投资者的持股比例并未对股利政策产生影响，但对于"恶意派现"现象起到了监督治理作用。

2. 盈余管理

学者们对于机构投资者对盈余管理的作用始终没有统一的结论。Cheng 和 Reitenga（2009：19）以任意应计项目绝对值作为盈余管理的替代变量，发现异质的机构投资者对盈余管理的作用不同，持股比例较低的机构投资者只有在自身未受到较强盈利压力时，才会监督企业的盈余管理，持股比例较高的机构投资者则相反，只有当承受较大盈利压力时才会放松对公司的监督。Koh（2003：122）也认为，短期机构投资者和长期机构投资者与收益的可操控性应计利润之间的关系相反，前者与盈余管理正相关，后者则负相关。

在我国机构投资者发展初期，机构投资者的投机行为较多。平湖和李菁（2000：10）指出，证券投资基金"倒仓""输送利益""高位接盘"等操作手段，影响了资本市场的健康发展，这些投机行为增强了管理层进行盈余管理的动机。不过，随着法律制度的完善和机构投资者自身的发展，机构投资者的短期行为和投机理念逐渐为市场摒弃，机构投资者越来越注重价值投资，关注上市公司的会计信息质量，在信息搜寻和分析方面展现其专业优势。樊慧、胡奕明、龙振海（2012：90）发现，资产集中配置于某个行业的机构投资者，相对于其他机构投资者具有特殊的行业专长，能更迅速地发现公司治理方面存在的问题，规模经济使他们监督成本降低，从而更有能力和动力发挥治理作用，抑制两权分离对盈余稳健性的负面影响。薄仙慧和吴联生（2009：89）的研究表明，机构投资者持股对非国有上市公司的正向盈余调整具有显著的抑制作用，但在国有控股公司中则未能发挥同样的作用。

3. 高管薪酬

机构投资者对高管薪酬的影响受到较多学者的关注，研究成果较为丰富。Gillan 和 Starks（2000：300）对 8 年期 2043 项机构投资者的提案建议进行统计，发现其中约有超过 11% 共 233 项与高管激励有关，可见，高管薪酬是机构投资者积极主义行动的主要方向。

在干预高管薪酬方面，机构投资者的方式较多，既可以通过增加董事的独立性、干涉提名委员会和薪酬委员的设置等，使管理层薪酬与公司业绩紧密相连；也可以通过股票交易间接影响管理层薪酬结构。HartZell 和 Starks（2003：2370）的研究发现机构投资者的股权集中度与经理人薪酬的绩效敏感性正相关，与经理人薪酬水平负相关，表明机构投资者有效地对公司治理进行了干预，缓解了管理层与股东之间的代理问题。Almazan 等（2005：28）发现，当机构投资者的隐性监督成本较低时，机构投资者对经理人薪酬绩效的敏感性更高，潜在的积极型机构投资者更具有监督公司管理层的优势。Bushee（2004：30）的研究表明，公司薪酬委员会在构建经理层的薪酬结构时，会迎合特殊类型的机构投资者的偏好。Jana-kiraman 等（2010：688）指出，在管理层持股比例较低的公司，积极的机构投资者有效地提高了薪酬－业绩敏感性。Feng 等（2010：456）发现高持股的机构投资者会影响公司的 CEO 薪酬设计，其持股比例与 CEO 的现金工资和总报酬成正比。

我国学者在机构投资者与薪酬契约方面也有丰富的研究。李善民和王彩萍（2007：46）通过检验机构投资者持股与上市公司高管薪酬的关系发现，我国机构投资者积极参与公司治理，影响了高管的薪酬水平。张敏和姜付秀（2010：52）研究表明，股权性质对中国的机构投资者治理作用的发挥有影响，但该作用的发挥需要一定的外部环境，在民营企业中，机构投资者持股能显著提高薪酬－业绩敏感性、降低薪酬"黏性"，而在国有企业中则未能发现这种影响。伊志宏等（2010：125）将机构投资者分为压力抵制型和压力敏感型，前者增强了企业的薪酬－业绩敏感性，后者则不存在显著相关性。李超、蔡庆丰、陈娇（2012：35）运用线性概率模型、Probit、Logit 等检验了我国上市公司 2004～2008 年机构投资者持股与高管薪酬激励之间的关系，发现机构投资者对股权激励和固定薪酬的增长并未起到限制作用。

第二节　机构投资者异质性的文献综述

近 30 多年来，随着经济的发展，机构投资者在资本市场中的地位越来越重要，针对机构投资者作用的研究也日益增多，然而，这些研究在诸多方面却难以达成一致，机构投资者异质性是其重要原因之一。

机构投资者是涵盖多种机构的集合名词，这些机构因资金来源、运作机制等不同而拥有不同的投资理念，其投资偏好及因此对公司治理的影响各有不同，因此，合理区分机构投资者的类型是进一步检验机构投资者在市场中发挥作用的研究基础，理论界已有许多相关的研究成果。

一 国外研究现状

国外学者根据各自不同的研究目的，大多以定性的方法对机构投资者进行分类研究，其中具有代表性的列示如下。

机构投资者是否独立于被投资公司，影响着二者之间的关系和机构投资者的诸多决策。Brickley 等（1988：281）根据机构投资者与被投资公司是否存在业务联系或商业关系，将机构投资者划分为三类：压力抵制型、压力敏感型和压力不明确型。压力抵制型是指与被投资公司只存在投资关系的机构投资者，如公共养老基金、捐赠基金等。通常认为，由于不存在商业关系，他们能够坚持自己的投资理念，不受短期目标影响，着眼于长期回报，从而有动机监督管理层，纠正管理层的不当行为，参与公司治理并从中得到更大的收益。压力敏感型是指与被投资公司业务存在依赖关系的机构投资者，由于不想破坏与被投资公司的关系，这类机构投资者往往采取中庸或支持公司决策的态度，而非监督管理层，如银行和保险公司等。压力不明确型的机构投资者则居于上述二者之间，不具有明显的特征，如公司养老基金、投资咨询公司等。Hartzell 和 Starks（2003：2368）检验了机构投资者持股与高管薪酬之间的关系，发现压力敏感型机构投资者与薪酬 – 业绩敏感性无关，而压力抵制型机构投资者与薪酬 – 业绩敏感性显著正相关。

根据参与公司治理所承担监督成本的不同，Almazan 等（2005：11）将机构投资者划分为潜在的积极的机构投资者（如独立的投资咨询公司和投资公司）和潜在的消极的机构投资者（如信托银行和保险公司）。相对于潜在的消极机构投资者，潜在的积极的机构投资者通常拥有更多的技术员工，信息搜集、分析能力更好，且在投资方面面临更少的监管和法律约束，也能保持独立性，与公司有较少的商业关系。

Chen 等（2007：286）也为机构投资者的分类提供了新的方法，他们主要从机构投资者持股时间和持股比例两个方面划分机构投资者类型。研究表明，只有独立的、高持股比例的、长期投资的机构投资者才能对公司进行监督，缓解股东经理人之间的代理冲突；短期型持股比例小的以及非独立型机构投资者则不会对被投资公司实施监督。

上述文献中，学者们根据自身研究需要，采用定性分析方法划分机构投资者类别，Brickley 等（1988：281）、Almazan 等（2005：11）和 Chen 等（2007：286）的机构投资者分类方法具有十分重要的理论意义，后续研究多以它们为基础来研究机构投资者对公司治理的影响。除此之外，也有不少西方学者试图采用更为客观的定量分析方法，对机构投资者做出准确的划分，具有代表性的研究列示如下。

机构投资者各自有不同的投资行为特征和投资偏好，Bushee（1998：331）开创性地提出，根据机构投资者以往的投资行为特征（交易频率和投资组合多元化程度），采用截面聚类方法，可将其划分为三种：短期型——偏好多样化的投资和频繁的组合变动，一般采用"买好卖坏"策略；准指数型——偏好多样化投资组合，但相对不轻易变动投资组合，即消极的、在更大的范围内实施投资战略；长期型——偏好均衡投资、不轻易变动投资组合，即注重关系投资、提供长期稳定的投资量。这篇文献对于研究机构投资者客观划分方法有着重要意义，得到许多学者们的追随。Bushee 在 2001 年的研究中延续了这一研究思路，将机构投资者分为短线型和长线型两种。

Sharpe（1992：15）最早在多因素模型的基础上发展了基于收益率波动划分基金投资风格的方法，即依据基金的收益率波动对各种风格资产收益率波动的敏感性大小进行分类，开创了基于收益率波动的纵向分类方法，对随后的机构分类研究产生了深远而重大的影响。

此外，还有学者采用换手率来划分机构投资者（Gaspar 等，2005：139；Yan and Zhang，2009：901）。

二 国内研究现状

国内研究者在考察机构投资者的市场作用时，大多采用国外已有的定性分类方法，伊志宏等（2010：123）参照 Brickley 等（1988：281）的做法，根据机构投资者与被投资公司是否存在商业关系，及政策对其投资行为的限制或引导，将机构投资者分为压力敏感型和压力抵制型，考察两类机构投资者对高管薪酬的影响作用，其中压力敏感型机构投资者包括保险公司、信托公司、综合类券商和企业年金，压力抵制型机构投资者则包括证券投资基金（开放式基金和封闭式基金）、社保基金和QFII。在与被投资公司关系的处理中，压力敏感型机构投资者往往会权衡关系恶化所带来的损失与保持折中立场所带来的好处，为了维持现有或潜在的商业关系，他们往往不会监督高管的行为。研究发现，压力抵制型机构投资者能增强薪酬－业绩敏感性，压力敏感型机构投资者与薪酬－业绩敏感性不存在显著相关性。

也有许多学者通过主观定性分析将机构投资者划分为不同类型以做区分，董峰、罗莉（2011：13）通过对机构投资策略、风险偏好等的分析，将机构投资者分为短线和中长线两类，考察其对现金股利政策的影响，并认为中长线的券商、社保基金、保险基金对现金股利的需求不强烈，而短线的证券投资基金和QFII反之。范海峰、胡玉明、石水平（2009：50）验证了社保基金和证券投资基金对公司价值产生不同影响的假设，认为二者由于政治和社会压力及管理者薪酬机制等方面的差异，其所有者与公司管理层会产生利益冲突或者利益趋同，从而对公司价值产生不同的影响。其中，社保基金的激励机制与绩效脱钩，受政治和社会压力的影响，经营目标与上市公司会发生冲突，对上市公司市场价值有负面影响，相反，记券投资基金的激励机制与绩效高度相关，承受的政治社会压力较小，持股规模的增加将促进基金对上市公司的监督，从而会增加上市公司的市场价值。

由于我国机构投资者发展历史较短，其组成结构尚未完全形成多元化格局，基金占据了其中的绝大部分，因此国内学者对于基金的分类有着相对更多的研究。

徐迁、张士伟、张芳、田峰（2003：7）创造性地应用定量分析方法解决我国的基金分类问题，弥补了以往基金依靠定性分析所带来的说服力不足的缺憾。文中借鉴了美国投资公司协会（ICI）的基金分类体系，运用多元统计分析中的因子分析、聚类分析等统计技术，总结出基金的大部分特征，可从风险收益特征、股票投资风格、投资者偏好、基金操作风格四个角度描述，并提出了我国的基金分类标准。

罗真和张宗成（2004：20）对我国的基金分类方法进行了较为深入的实证研究，文章运用因子分析和聚类分析等统计方法，利用50只封闭式基金在2002年度的相关数据，考虑收益、风险、流动性、资产配置、投资风格、选股思路、成本费用等7个因素，总结出基本收益、投资风格和风险成本3个代表基金特点的因素，并把样本基金分为了两类（指数基金和非指数基金）。

杨朝军、蔡明超、徐慧泉（2004：360）在考察我国基金是否违背募集说明书中约定风格的过程中，运用聚类分析方法，结合晨星投资风格箱方法，对中国证券投资基金的风格进行了分析。

周铨、朱洪亮、李心丹（2006：62）运用因子聚类方法，选取基于两个方面的分类指标——基金的投资对象和基金的投资理念，并在最后对分类结果做了Sharp回归分析，结果表明，中国的证券投资基金风格趋同现象严重，并且实际风格与宣称风格有较大差异。

刘京军、徐浩萍（2012：141）根据我国证券投资基金的交易特点，根据机构投资者的换手率特征将机构投资者分为长期投资者和短期机会主义者，发现短期机构投资者的持股比例变化对收益率以及市场稳定性的影响较长期投资者显著，其交易变化会导致市场波动加剧，而长期机构投资者则对稳定市场具有一定的作用。

三 简要评析

关于机构投资者的研究，往往会结论不一，对机构投资者的类型划分存在差异是重要原因之一，因此，对机构投资者进行合理的分类，是进行该类研究的必要前提。纵观国内外已有的机构投资者分类研究，最初，学者们根据研究目的从资金来源、信托责任、持股偏好、持股特征等方面对机构投资者进行定性分析，以此为基础划分不同类型的机构投资者，然后，为避免主观分析的随意性，许多研究引入了因子分析、聚类分析等统计方法，从机构投资者过去的投资行为中发现其特征并进行分类，在一定程度上增强了客观性。

　　国内学者在定性分类方面，主要将机构投资者作为一个整体进行考察，随着研究的深入，有学者借鉴国外现有的分类方法，根据各自的研究目的将机构投资者划分成长线、短线或压力敏感型、压力抵制型等；在定量分析方面，国内学者大多借用国外已有的统计方法，选取相应的影响因素，根据基金的投资风格进行划分，碍于数据可得性，仅限于基金的定量分类研究，研究出发点也是出于对基金投资风格的考察，很少有从与上市公司关系、对公司经营和公司治理是否产生作用的角度出发进行的研究。

　　尽管前人已有较多关于机构投资者的分类研究，但这些研究大多根据自身研究需要，有目的地对机构投资者进行划分，划分依据、研究目的各不相同，不可避免地带有主观性，也很难形成客观、统一的划分方法。国内对于机构投资者持股差异性分类方法的研究尚不够充分，大多是对国外已有分类方法的模仿，或利用某单一指标对机构投资者进行分类，对机构投资者的行为特征考虑不全，或使用的数据年限较短，对基础数据的挖掘不充分，不能很好地体现机构投资者的差异，未能对机构投资者的持股差异性进行科学有效的计量，尚未形成适合我国目前机构投资者发展现状的分类方法。由于机构投资者异质性是对其进行深入研究的重要影响因素，因此，对机构投资者进行合理、客观的划分显得尤为迫切。

第三节　机构投资者持股与公司投资的文献综述

　　关于机构投资者影响公司投资决策的研究可以分为两大部分：投资支出水平和投资效率。

　　国外学者研究机构投资者与公司投资决策之间的关系最早源于20世纪80年代人们对美国上市公司管理层短视行为的担忧。许多学者认为，机构投资者持有大量股份，公司管理层为了迎合机构投资者对短期收益的偏好，有可能放弃或减少长期投资（削减研发支出、投资支出等），但相当多的实证研究并不支持这一论断。研究结果表明，机构投资者持股有利于公司长期投资水平的提高，而不是迫使管理层短视。Hansen 和 Hili（1991：10）利用不同期间、不同行业的数据进行实证研究，研究结论均表明，机构投资者持股与研发开支正相关，原因在于机构投资者拥有的信息优势和规模经济优势。Wahal 和 McConnell （2000：315） 实证研究发现机构投资者对企业的研发费用和资本支出都发挥着显著的促进作用。

在我国，赵洪江和夏晖（2009：38）实证分析了机构投资者与公司创新行为的关系，研究发现，压力抵抗型机构投资者（开放式基金和封闭式基金）在拥有较大的持股份额和成熟的价值投资理念，并且与被投资企业只有投资关系时，在参与企业管理过程中敢于发表自己的观点，导致其对公司的创新投入有正向影响。王斌、解维敏和曾楚宏（2011：81）通过研究我国 2003～2005 年的 A 股上市公司发现，机构投资者发挥了公司治理作用，降低了管理层的代理成本，机构投资者持股与研发投资显著正相关，机构投资者能激励公司进行长期投资。王宇峰、左征婷、杨帆（2012：106）也有类似结论，他们发现，证券投资基金、社保基金和保险公司持股与研发投入正相关，而证券公司、QFII 与研发投入的关系并不显著。温军和冯根福（2012：53）基于 2004～2009 年 923 家上市公司的数据，研究了中国制度背景下机构投资者持股、企业性质与企业创新的关系。其研究结论表明，机构投资者促进了民营企业的创新，但对国有企业的创新影响不大，其中，证券投资基金对企业创新有显著的负效应。

另一些学者则从机构投资者的异质性出发进行研究。Bushee（1998：331）根据机构投资者持股特征等将机构投资者分成三类：专注型（长期型）、准指数型和短暂型（短期型），其结论表明，专注型和准指数型机构投资者促进了企业的研发费用支出，较好地减少了公司管理层的短视行为。David 和 Kochhar（1996：461）对机构投资者进行分类后发现，短视的（myopic）机构投资者关注短期业绩，优良的（superior）机构投资者对市场认识充分，积极的（active）机构投资者关注企业的长期业绩。

国内学者也对机构投资者与投资支出的关系进行了实证研究。范海峰、胡玉明、石水平（2009：89）从股权制衡角度研究了机构投资者与投资支出的关系，他们的研究结论表明，机构投资者能有效促进上市公司进行长期投资，降低代理成本，对管理层实施监管，并对控股股东有一定的制衡作用。

在机构投资者与非效率投资关系的研究中，尚未有较为成熟的结论，部分学者也在这一方面做出了努力。Richardson（2006：165）研究了自由现金流带来的过度投资问题，检验了公司内部治理结构与自由现金流导致的过度投资之间的关系，结果表明，当存在积极参与管理的股东时，公司的自由现金流代理成本将减少。计方、刘星（2011：71）研究发现，机构投资者对公司的过度投资和投资不足行为都有很显著的抑制作用。宋常、刘司慧（2010：107）研究发现，中国上市公司存在过度投资问题，机构投资者持股能减轻信息不对称，进而一定程度地抑制过度投资，而信息披露评级与机构投资者持股对过度投资的影响作用是相互替代的。叶建芳、赵胜男、李丹蒙（2012：33）从过度投资的角度，研究了机构投资者的股东积极主义，发现机构投资者是监督还是攫取利益取决于其持股比例及持股时间。

还有一些研究从机构投资者持股与股利政策的角度，认为机构投资者能促使公司增加股利发放，在一定程度上能减少公司的自由现金流，这相应地减少了自由现金流引发的过度投资问题。Moh'd、Perry 和 Rimbey（1995：375）选取了美国 1972～1989 年的数据，证实机构投资者持股与公司现金股利发放存在正的相关关系，从而使公司融资不得不受到外部资本市场的监督，也使公司自由现金流减少，代理成本随之降低。Eckbo 和 Verma（1994：54）指出，机构投资者倾向于促使公司把自由现金流用于发放股利，从而减少管理层掌控的自由现金流，降低代理成本。

第四节　机构投资者持股与公司业绩的文献综述

在机构投资者参与公司治理的领域中，以公司业绩为主题的研究十分丰富，结论却不尽相同。许多研究认为机构投资者在持股时偏好财务绩效好的公司（Sundaramurthy 等，2005：499），不过更多学者关注的是机构投资者持股对公司业绩的影响。

一种观点认为机构投资者持股促进了上市公司业绩的上升。Opler 和 Sokobin（1995：15）研究发现，机构投资者通过积极参与上市公司治理结构改革，对上市公司的长期绩效有显著的促进作用。Chaganti 和 Damanpour（1991：488）的研究结论表明机构投资者持股与净资产收益率存在显著正相关。Miguel 等（2008：528）则发现机构投资者持股与总资产收益率显著正相关。Kaplan 和 Stromberg（2001：10）研究了机构投资者对公司治理的作用，结果表明，相对于个人投资者，机构投资者更有能力监控公司的日常经营活动，促进公司价值的增加，提升公司的经营业绩。肖星和王琨（2005：79）从证券投资基金投资组合的财务特征和公司治理水平角度，研究得出证券投资基金以"用脚投票"和"用手投票"两种方式参与了公司治理。在选股阶段，机构投资者偏好业绩优良的上市公司；而在持股过程中，机构投资者有利于上市公司经营业绩的提高。穆林娟和张红（2008：76）分析了机构投资者与上市公司业绩的关系。她们分别以净资产收益率和每股收益为因变量，结果证明机构投资者对提升企业业绩、改善公司治理有积极的作用。李维安和李滨（2008：11）采用面板数据和截面数据，研究了机构投资者参与上市公司治理的效果，研究证明当期和上一期机构投资者持股均能提高上市公司业绩。邵颖红、朱哲晗和陈爱军（2006：37）研究发现机构投资者持股比例与上市公司绩效存在正的相关关系，认为机构投资者在上市公司治理方面已有一定程度的重视，有参与公司治理的意愿与动力。国政和阮青松（2010：166）使用股权分置改革后的数据（2007～2009 年）分析了机构投资者持股与公司价值的关系，发现在后股改时期，机构投资者为维护自身利益，有动力和能力监督上市公司经营，促进上市公司公司价值的提升。唐松莲（2009：120）研究表明，我国机构投资者具有信息优势，在机构投资者持股比例较高或持股数量较多的公司中，机构投资者起到了提升公司业绩的作用。石美娟和童卫华（2009：157）的研究结论也指出，后股改时期机构投资者通过监督机制，对公司实施了监督，促进了公司价值的提升，机构投资者持股比例和公司价值存在显著正相关关系。傅强和邱建华（2010：172）的研究结果也表明机构投资者持股比例与公司业绩存在正相关关系。

另一种观点则认为，机构投资者持股对公司价值并无显著影响，甚至会产生消极作用。Karpoff（1996：380）发现机构投资者持股和公司业绩没有关系。Woidtke（2002：120）则发现公共养老基金与公司价值之间存在显著的负相关关系。傅勇和谭松涛（2008：101）研究表明，机构投资者与上市公司非流通股东有可能利用内幕交易进行合谋，获取额外收益，不但无益于公司价值的提高，还会在一定程度上损害公司的利益。

　　还有学者从机构投资者的异质性出发，研究了机构投资者与公司业绩之间的关系。宋渊洋和唐跃军（2009：64）按持股比例高低对机构投资者进行了划分，研究结论指出，持股比例越高的机构投资者，如基金、券商越有动机和能力提升公司业绩，持股比例低的机构投资者，如信托公司、保险公司与公司业绩之间无显著相关性，且机构投资者主要作用于短期的业绩。钱露（2010：63）分别检验了证券投资基金、证券公司与公司绩效的关系，结果表明，证券投资基金积极参与公司治理，其持股与公司绩效显著正相关，缓解了代理问题；证券公司持股对公司绩效并没有显著影响。袁蓉丽、肖泽忠和邹宏（2010：121）根据机构投资者是否独立来考察不同的机构投资者与公司业绩的关系，并指出，与公司没有业务联系的独立机构投资者如证券投资基金，能积极参与公司治理，缓解了代理问题，提高了公司的经营业绩和市场价值，与公司有潜在的业务联系和利益关系的证券公司，则不会影响公司治理。

第三章　制度背景

尽管机构投资者的发展历史不长，但发展速度快，已成为当前全球资本市场特别是成熟资本市场的主导力量，对国家的储蓄增长、资源配置变化、资本市场稳定和公司治理等都产生了重大和深远的影响。

第一节　机构投资者范畴界定

为更好地理解机构投资者的持股偏好、选股能力和持股后对市场和公司所带来的影响，有必要对机构投资者的制度背景，特别是我国机构投资者的发展及其外部环境有所了解。

1868 年，世界上第一个投资基金"海外及殖民地信托基金"在英国诞生，奠定了现代基金的雏形；1924 年美国第一个共同基金"马萨诸塞投资信托"在波士顿设立。此后，以证券投资基金为代表的机构投资者经过初步发展取得稳定成长。进入 20 世纪 60 年代，投资机构化的趋势已经呈现，特别是 80 年代以来的 30 多年间，机构投资者在世界资本市场的发展更为蓬勃，已经成为整个市场的投资主体。市场经济发达国家的经验表明，这种机构化的投资主体有效地稳定了市场，也成为公司治理的外部机制中非常重要的一环。在我国，机构投资者是随着 20 世纪 90 年代证券市场的建立而产生和发展起来的，但其后发优势在于，机构投资者在经济发达国家近百年来的发展历程在我国只用了 20 年左右的时间。目前以证券投资基金为主导的机构投资者（其持股市值已然占据流通股市值的半数以上）成为我国金融市场上最为重要的主体，也因而成为理论研究关注的焦点之一。但截至目前，学术界对机构投资者尚未形成一个权威的定义，有学者从其具体类型出发对它进行列举性界定，有学者对它进行描述性界定，有学者从广义上理解，有学者从狭义上理解，但对机构投资者的本质认识并无差异。

从广义上讲，机构投资者指为广大受益人或投资者的利益而进行大宗交易的公司和机构，这些交易具有高成交量和低手续费的特征。机构投资者主要包括投资中介机构（共同基金、投资银行和私募基金等）、契约性储蓄机构（社会保障基金、保险基金等）、存款机构（商业银行等）以及各种基金组织和慈善机构等。从狭义的角度看，机构投资者是指许多西方国家管理长期储蓄的专业化的金融机构，它们管理着养老基金、人寿保险基金和投资或单位信托基金等，由专业人士负责资金的筹集和运用。

约翰·道恩斯和乔丹·艾略特·古特曼在其合著的《金融与投资辞典》中认为机构投资者是"从事大笔证券交易的组织。其中包括共同基金、银行、保险公司、养老基金、工会基金、公司利润分享计划以及大学捐赠基金"。

E. 菲利普·戴维斯和贝恩·斯泰尔合著的《机构投资者》认为，机构投资者是"一种特殊的金融机构，代表中小投资者的利益，将他们的储蓄集中起来管理，为了特殊目标，以可接受的风险形式，追求投资收益的最大化"。

Davis 和 Steil（2001：20）对机构投资者的一般性描述为：一种特殊的金融机构，代表小投资者的利益，将他们的储蓄集中在一起管理，为了特定目标，在可接受的风险范围和规定的时间内，追求投资收益的最大化。这一定义将机构投资者限定于金融机构这一层次，以利益最大化为目标，而非控股权和支配权，该定义比较符合当前国际资本市场的现状。

我国目前还没有形成比较权威的机构投资者定义，比较典型的是严杰等主编的《证券辞典》：所谓机构投资者，又称"团体投资者"，是"个人投资者"的对称，指以自有资金或信托资金进行证券投资活动的团体。包括投资公司、投资信托公司、保险公司、储蓄银行、各种基金组织和慈善机构等。其特点是：相对于个人投资者来说，一般都拥有巨额资金；收集和分析证券方面信息的能力强；能够进行彻底的分散投资。他们从投资者、保户、存户等方面吸收大量资金，将其中的一部分投放在证券市场中，进行投资活动。

由于历史、法律、文化等制度环境的差异，机构投资者的构成在各国大不相同，如英国的机构投资者包括保险公司、养老基金、指数基金、信托投资公司（Stapledon，1996：15）；美国的机构投资者包括公共和私人养老基金、共同基金、保险公司、投资基金，及由银行和基金会管理的基金等（Kochhar 和 David，1996：80）；澳大利亚的机构投资者主要包括保险公司和养老基金两大类别（Stapledon，1996：20）；转轨经济国家保加利亚则包括了私募基金、养老基金、外国投资基金以及进行权益投资的银行和保险公司（Belev，2003：370）；我国的机构投资者主要包括证券投资基金、社保基金、保险资金、企业年金、合格境外机构投资者（QFII）、券商资金（包括证券公司自营资金以及集合理财资金）等。

在本书中，笔者将机构投资者大致框定为以自有资金或信托资金进行证券投资活动以获取收益的团体，是个人投资者的对称，具体包括证券投资基金、证券公司、社保基金、保险公司、QFII、企业年金以及信托公司。

第二节 中国机构投资者的发展历程与现状

在政策鼓励和市场推动的双重力量之下，我国机构投资者也得到长足发展，并逐步形成了以证券投资基金为主，合格境外机构投资者、保险基金、社保基金、企业年金等机构投资者相结合的多元化发展格局。

一 发展历程

不同于机构投资者在西方主要资本主义国家的自发产生和稳步发展，我国机构投资者的发展是在政府的推动下，随着我国资本市场的开放而逐步实现的，政府的刚性干预也使机构投资者在我国的发展历程体现出明显的阶段性，以各个阶段的标志性事件为点，可大致做如下勾画。

1. 起步阶段（1987～1997 年）

在这一阶段，机构投资者处于萌芽状态，基本以单一机构投资者——证券投资基金——的发展为主。1987 年，中国新技术创业投资基金公司与汇丰集团、渣打银行在香港联合设立了中国置业基金，并随即在香港联交所上市，这可能是中国机构投资者早期的萌芽。1987 年 9 月，深圳特区证券公司作为我国第一家证券公司宣告成立；1990 年和 1991 年，上海证券交易所和深圳证券交易所先后成立，标志着中国证券市场的正式形成，中国资本市场的机构投资者也从这个时候开始起步。

1991 年 8 月，珠海国际信托投资公司发起成立了我国最早的国内基金"珠信基金"，同年 10 月，"武汉证券投资基金"和"深圳南山风险投资基金"相继设立；1992 年，国内第一家比较规范的投资基金"淄博乡镇企业投资基金"成立并于 1993 年 8 月在上海证券交易所上市，成为国内第一家上市交易的投资基金，标志着我国全国性基金市场的诞生。淄博乡镇企业投资基金在 1993 年上半年引发了短暂的中国投资基金发展热潮。

我国基金从一开始就发展势头迅猛，其设立和运作的随意性较强，因而存在发展与管理脱节的状况。由于没有统一的运作和管理模式，这些基金的发行、管理和投资等都较为混乱，相关法律法规和规范的缺失，也使新兴发展的投资基金市场快速暴露了市场建设不完善、进入退出制度不规范等问题，导致大多数基金的资产状况开始走入谷底，基金在持续经营上困难重重。在发行方面，这一阶段的基金发起人大多是单个法人，基金批准设立的权限尚未收归中国人民银行，央行、地方政府甚至个别地方的分支机构投资者都可批准设立投资基金；在管理方面，基金治理结构不完善，内部制衡机制缺乏，内控机制缺失，基金管理人和托管人不完全相互独立，基金管理人较易做出一些有损投资人利益的自利行为；在投资方面，基金公司的投资范围、投资对象等都没有法规和制度约束，相当多的基金甚至以房地产等实体产业作为投资标的，既为投资者带来巨大风险，也对宏观经济发展造成干扰。

随着基金发展过程中的不规范问题和累积的其他问题的逐步暴露，1993 年 5 月 19 日，中国人民银行发布《关于立即制止不规范发行投资基金证券和信托收益债券做法的紧急通知》，将基金的发行、上市，基金公司的设立等一系列审批权限收归中国人民银行。在 1994 年后，我国进入了经济金融治理整顿阶段，基金业举步维艰，但在这一时期，全国性的交易市场开始形成，证券投资基金也越来越多地为投资者所认识和熟悉。1994 年 7 月底，证监会与国务院有关部门推出股市新政，提出发展我国的共同投资基金，培育机构投资人。截至 1996 年，我国申请待批的各类基金已经达数百家，但由于法律法规建设的滞后，基金发展基本处于停滞状态。截至 1997 年年底，基金的数量为 75 只，规模在 58 亿人民币左右。

可以说，20 世纪 90 年代初，我国证券市场已正式建立，但我国证券市场自建立之初就带有浓厚的行政色彩，其承担的主要功能也是服务于国有企业改制，市场竞争机制严重缺失，加之法律规范的架设严重滞后，以证券公司为主流代表的机构投资者的发展处于无序状态，投资者的利益难以得到保障。但无疑，机构投资者已经初具雏形，虽然其真正特征尚未显现，然已蓄势待发。

2. 规范发展阶段（1998～2005 年）

第二阶段，1998～2005 年是市场逐步规范和机构投资者多元化稳步发展的阶段，不规范的机构投资者逐渐被淘汰，基金在机构投资者中的主导地位确立，多元化机构投资者格局初步形成。

这个阶段开始的标志是 1997 年 11 月 14 日国务院证券委员会颁布《证券投资基金管理暂行办法》（已于 2004 年 8 月 12 日被废止），该办法在基金的设立、管理等方面做出了严格的规定，提高了基金的准入条件，建立了完善的审批制度，强调基金托管人的地位与作用，制定了严格的信息披露制度。1998 年 3 月，南方基金管理公司和国泰基金管理公司分别成立，它们是首批依照《证券投资基金管理暂行办法》成立的基金管理公司。同月，两家公司分别发行了两只封闭式基金——基金金泰和基金开元，在上交所和深交所公开发行，同时，起步阶段成立的大部分规模较小且运作不规范的"老基金"通过重组改制重新上市，清理整顿工作基本完成。《证券投资基金管理暂行办法》使基金运作走上规范化的轨道，此后我国机构投资者真正开始了规模化和规范化的发展。

1998 年～2002 年 8 月期间，我国共发行上市 54 只封闭式基金。表 3-1 是对这一期间封闭式基金发行情况的大致描述。从表中可以看出，1999 年，我国封闭式基金的发行出现爆发式增长，发行数量和发行规模都达到这一期间的峰值，但随着股票市场于 2001 年进入下跌行情，基金

发行也出现了大幅下挫，这种趋势延续至 2002 年，至该年年末，封闭式
基金共 54 只，发行规模 817 亿份。在高速发展的同时，基金行业的根本
性问题暴露出来，2000 年 10 月《财经》杂志报道的"基金黑幕"事件，
对基金行业的独立性、操纵股价等违规行为进行揭露，使承载着人们
"稳定市场服务、中国市场理性机构投资者"期望的基金褪去光环，失去
往日神采，在相当长时间内都没有发行任何新的封闭式基金。

表 3 - 1   1998 ~ 2002 年中国封闭式基金发行情况

年　　份	1998	1999	2000	2001	2002	合　计
发行数量（只）	5	18	18	8	5	54
发行规模（亿份）	100	410	110	79	118	817
资产净值（亿元）	103.64	574.22	845.62	700.01	717.08	—
基金公司数量（家）	5	10	10	15	20	—

数据来源：Wind 数据库。

2000 年 10 月 8 日，证监会颁布《开放式证券投资基金试点办法》，
2001 年 9 月，我国第一只开放式基金"华安创新证券投资基金"诞生，
标志着我国机构投资者的发展开始由封闭式基金转向开放式基金时代。自
此，开放式基金在我国出现了超常规式的发展，规模迅速扩大，截至
2002 年年底，开放式基金已猛增到 17 只，2003 年，开放式基金的数量首
次超过封闭式基金数量。

2003 年 10 月 28 日由全国人大常务委员会通过的《证券投资基金法》
的颁布与实施，是中国基金业和资本市场发展历史上的又一个重要的里程
碑，标志着我国基金业进入了一个崭新的发展阶段。在这一阶段，除了规
范和鼓励证券投资基金的发展外，政府还出台了一系列的政策，支持多元
化机构投资者的发展。2000 年，证监会提出"超常规、创造性地发展机
构投资者"，并联合其他主管部门出台了一系列鼓励机构投资者发展的政
策和措施。

首先，保险资金逐步入市。1999 年 12 月，保险公司获准在二级市场
买卖已经上市的投资基金，间接进入证券市场，成为机构投资者中一股新
的力量。2004 年 10 月，《保险机构投资者股票投资管理暂行办法》的发

布标志着我国保险资金首次获准直接投资股票市场。

其次，社保基金、QFII、企业年金等机构投资者进入股市的制度松绑。2000 年 11 月，"全国社会保障基金"成立并直接投资资本市场，机构投资者的发展更加多元化。2002 年 11 月，随着《合格境外机构投资者境内证券投资管理暂行办法》的颁布，QFII 制度引入我国资本市场，截至 2006 年年底，QFII 已经成为我国资本市场上仅次于基金的第二大机构投资者。2005 年 8 月，29 家机构获得 37 个年金基金的管理资格，正式启动了企业年金的市场化运作。

2004 年初，国务院发布了《关于推进资本市场改革开放和稳定发展的若干意见》，明确要求大力发展机构投资者，首次确定了以基金为龙头的机构投资者在证券市场中的主导地位。2005 年新修订的《公司法》和《证券法》将基金纳入其调整范围。至此，我国以证券投资基金为主导，辅以社保基金、企业年金、保险公司、证券公司、QFII 等多元化的机构投资者格局已经形成，一系列法律法规的出台也使各类机构投资者的市场化运作更为规范和有序。

3. 蓬勃发展阶段（2006 年至今）

第三阶段是机构投资者的快速蓬勃发展时期，机构投资者的投资数量和规模不断扩大，已经成为我国金融市场的主体（中国人民银行《2006 年中国金融市场发展报告》），机构投资者类型多元化，证券投资结构的机构化格局已经奠定。根据中国证券登记结算有限公司统计，截至 2014 年年底，我国股票市场机构投资者的开户数为 91.73 万户，占股票账户总数的 0.475%。图 3-1 展示的是 2000~2014 年我国机构投资者股票市场开户数量，从图中可以看出，自 2006 年开始，机构投资者增长势头十分迅猛，开户数量大幅增加。图 3-2 反映了 2001~2014 年我国机构投资者股票市场开户数量增长率，可以明显看出，机构投资者开户数量在 2007 年有较大增长，机构投资者也进入了快速蓬勃发展期。

随着规模和资金的发展与壮大，作为理性经济人的机构投资者对稳定市场所发挥的作用逐渐显现，机构投资者本身所扮演的角色也发生了转变，不再仅仅作为获得投资收益的工具，而被期待在资本金融市场上发挥更多的作用，比如对中小股东利益进行保护，发挥机构投资者的积极作

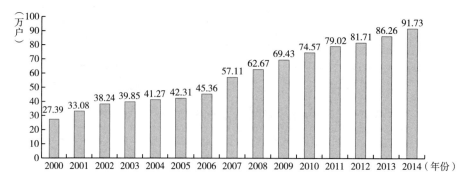

图 3 – 1 2000 ~ 2014 年我国机构投资者股票市场开户数量

资料来源：根据 2000 ~ 2014 年《中国证券登记结算统计年鉴》整理所得。

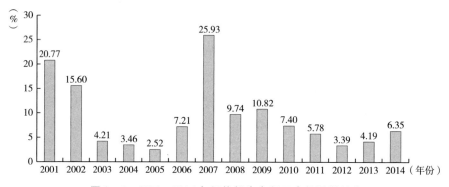

图 3 – 2 2001 ~ 2014 年机构投资者新开户数量增长率

资料来源：根据 2000 ~ 2014 年《中国证券登记结算统计年鉴》整理所得。

用，从外围参与和监督上市公司的治理情况等。

二　发展现状

对于我国机构投资者的发展现状，笔者在下文中从微观和宏观两个层面来介绍我国主要机构投资者的发展现状以及我国机构投资者发展的整体状况。

具体而言，自 2004 年《证券投资基金法》实施以来，我国证券投资基金进入新的高速发展期。就发展规模而言，截至 2008 年年底，机构投资者所持的上市公司股票市值已占流通股市值的半数以上，形成了以证券投资基金为主导，以社保基金、保险资金、企业年金、合格境外机构投资者（QFII）、证券公司资金（包括证券公司自营资金以及集合理财资金）等为补充的机构投资者格局（见图 3 – 3）。

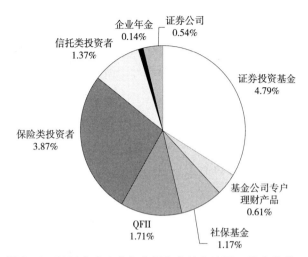

图 3 - 3 2014 年末专业机构投资者持有流通 A 股占比情况

注：专业机构投资者持股占比总和为 14.2%，此处未显示其他投资者持投占比（85.2%）。

资料来源：根据中国证券监督管理委员会相关数据整理。

1. 证券投资基金

随着新的《基金法》的实施，基金行业的发展迎来了新的机遇。《基金法》扩展了基金管理人的范畴，使基金管理人结构走向多元化，基金子公司发展速度迅猛，基金公司治理进一步改善，基金公司组织形式也更趋多元化。目前，基金行业的大格局仍然是大型基金管理公司占据较大市场份额，前五大基金公司市场集中度超过 30%。

截至 2014 年年底，我国共有 95 家基金管理公司，其中已有 73 家设立专户子公司（如图 3 - 4）。基金管理公司总资产（未经审计）1020.65

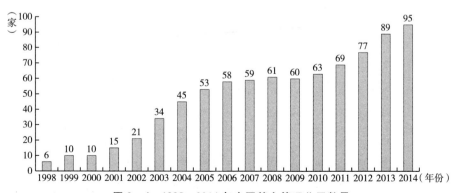

图 3 - 4 1998 ~ 2014 年中国基金管理公司数量

资料来源：根据中国证券监督管理委员会年报整理。

亿元,净资产 657.56 亿元,管理资产合计 6.68 万亿元,同比增长 57.84%。其中,管理公募基金规模 4.54 万亿元,存续产品 1899 只;基金公司专户规模 12240 亿元;受托管理社会保险基金规模 6085 亿元;受托管理企业年金规模 2974 亿元。

在基金管理公司蓬勃发展的同时,证券投资基金的规模及数量也在迅速增长,图 3 - 5、图 3 - 6 展示的是 2000 ~ 2014 年我国证券投资基金的规模、数量及成交金额,可以看出,自 2006 年后,证券投资基金规模、数量及成交金额都以极快的速度上升。

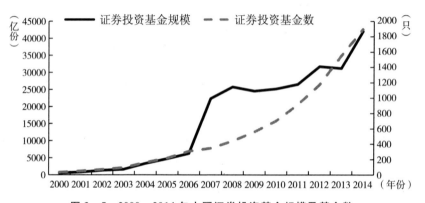

图 3 - 5　2000 ~ 2014 年中国证券投资基金规模及基金数
资料来源:根据中国证券监督管理委员会年报整理。

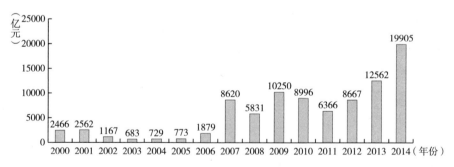

图 3 - 6　2000 ~ 2014 年中国证券投资基金成交金额
资料来源:根据中国证券监督管理委员会年报整理。

证券投资基金的种类也较为丰富,以股票型基金和债券型基金为主。图 3 - 7 是 2014 年我国证券投资基金种类分布的数据,其中股票型基金最多,达 699 只,其次是债券型基金、混合型基金,分别为 409 只和 395 只。

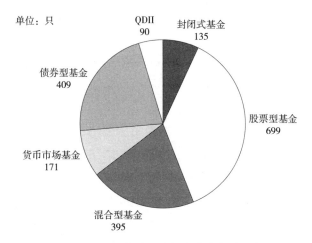

单位：只

QDII 90

封闭式基金 135

债券型基金 409

股票型基金 699

货币市场基金 171

混合型基金 395

图 3 - 7　2014 年底证券投资基金数量分布

资料来源：《中国证券监督管理委员会年报》（2014）第 23 页。

2. 保险公司

保险公司自 2004 年才成为真正意义上的机构投资者。2004 年 10 月，经国务院批准，中国保监会联合中国证监会发布《保险机构投资者股票投资管理暂行办法》，对保险公司进行股票投资的资格、范围和条件进行了规范，保险公司作为机构投资者真正参与到资本市场中。随后，保监会与证监会于 2005 年联合下发了《关于保险机构投资者股票投资交易有关问题的通知》《保险机构投资者股票投资登记结算业务指南》《保险公司股票资产托管指引（试行）》《关于保险资金投资股权和不动产有关问题的通知》等一系列配套文件，对保险资金直接投资股票市场做出了较为全面的规定，基本形成相关制度安排和机制建设。自此，保险资金直接入市进入了实质性操作阶段，并在随后的十几年间获得迅速发展。今后，随着我国保险法的完善和我国社会保障体系的建立健全，保险公司必将成为我国机构投资者中一股不可忽视的力量。

保险公司的投资范围有一个逐渐放宽的过程，最初是投资比例不得超过上年底总资产的 5%，2007 年 7 月，这一比例提升至 10%，股票和基金的总投资比例控制在 20% 以内。从保险行业的投资资产结构来看，总体趋势是权益类投资占比稳步上升，而固定收益类投资中存款的占比逐步下降。图 3 - 8 是 2015 年末保险资金运用余额占比，其中股票和证券投资基金达 15.18%。

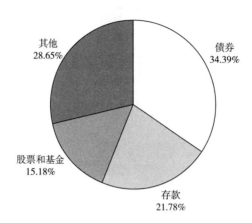

图 3 – 8　2015 年保险资金运用余额占比
资料来源：中国保险监督委员会《2015 年保险统计数据报告》。

3. 社保基金

全国社会保障基金（以下简称社保基金）是指全国社会保障基金理事会负责管理的、由国有股转持划入资金及股权资产、中央财政拨入资金、经国务院批准以其他方式筹集的资金及其投资收益形成的由中央政府集中的社会保障基金，是国家社会保障储备基金。全国社保基金由中央财政预算拨款、国有资本划转、基金投资收益等资金构成，用于补充和调剂人口老龄化高峰时期养老保险等社保支出。

在 2016 年 2 月 3 日的国务院常务会议上，《全国社会保障基金条例（草案）》获得通过。这意味着，1.5 万亿元社保基金的资产管理将真正实现有法可依。《全国社会保障基金条例（草案）》对全国社保基金的筹资、管理以及使用都做了明确的规定，并明确了基金投资运营和监督、风险管理等制度，强化了审计、公开等监管措施，进一步规范了基金的运行，以期保障基金的安全。

2003 年，我国第一批社保基金 140 亿元进入证券市场，虽然它的产生和进入证券市场的时间相对较晚，但随着我国人口老龄化进程的加快，国家对养老保险加大投入，社保基金得以强劲发展，资产规模逐年稳步攀升，个别年份的增长率甚至达到 50% 以上，截至 2014 年，社保基金规模超过 15000 亿元，如图 3 – 9。

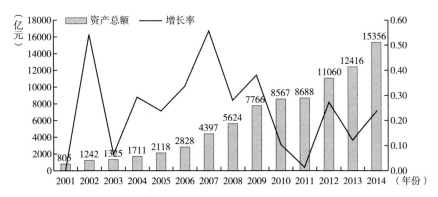

图 3 - 9　2001 ~ 2014 年我国社保基金资产总额及其增长率

资料来源：根据全国社会保障基金理事会基金年度报告整理。

4. 合格境外机构投资者（QFII）

QFII 机制是一种有创意的机制，是在一国货币未实现完全可自由兑换、资本项目尚未开放的情况下，有限度地引进外资、开放资本市场的一项过渡性的制度，是实现有序、稳妥开放证券市场的特殊通道。

我国于 2002 年开始实施 QFII 制度，"合格境外机构投资者"被定义为：符合一定条件，经中国证监会批准投资于中国证券市场，并取得国家外汇管理局批准的投资额度的境外基金管理机构、保险公司、证券公司、商业银行，以及其他资产管理机构。

QFII 随着我国证券市场的不断成熟而发展壮大，从 2003 年 7 月第一家 QFII 瑞士银行宣布买入 4 支蓝筹公司股票起，历经十几年的成长，QFII 机构目前已近 300 家，资产超过 3000 亿元，根据证监会年报，2014年底，我国的 QFII 机构已达 274 家（如图 3 - 10），根据国家外汇管理局统计数据，截至 2016 年 2 月 23 日这一数字已增至 279 家，历年来 QFII 累计获批投资额度达 807.95 亿美元。

截至 2014 年年底，QFII 持股市值约占中国 A 股流通市值的 1.71%，成为我国证券投资市场上仅次于证券投资基金和保险类投资者的第三大机构投资者，在稳定资本市场、完善上市公司的经营和治理结构上发挥了积极作用。

QFII 的资产配置以证券资产为主，根据国家外汇管理局发布的《2014 年中国跨境资金流动监测报告》，截至 2014 年年底，QFII 总资产中

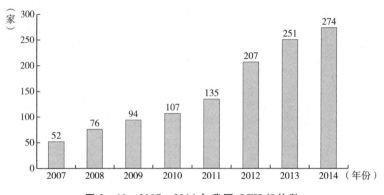

图 3 – 10   2007 ~ 2014 年我国 QFII 机构数

来源：根据中国证券监督委员会年报整理。

股票资产的比例超过七成，债券类约占一成，银行存款、基金及其他类合计约占两成。

QFII 都是历史悠久、资产规模较大的全球性金融机构，投资理念成熟，投资决策程序规范。QFII 较注重基本面分析，关注上市公司的赢利能力、未来成长性等基本面因素，更多持有资产规模大、成长性高、估值合理、市场流动性好的蓝筹股；QFII 投资行为稳定，偏向长期持有，不通过频繁交易获利，特别是资产管理、养老基金等长期资金类型的 QFII，资产配置中股票长期保持较高比例，波动幅度较小。

QFII 的投资动向常常受到市场的热烈关注，他们关注上市公司的赢利能力、未来成长性，重视公司治理和信息披露，投资周期较长。这些投资理念对国内投资者产生了积极的示范效应，引导了市场价值投资理念的逐步形成，对抑制投机行为、降低市场巨幅波动发挥了积极作用，同时也使我国上市公司不断提高公司治理水平，提升公司质量。

整体而言，我国机构投资者的发展与政府的刚性干预密不可分，得益于政府对发展机构投资者的积极态度和采取的各项措施的强制推动。目前我国资本市场的投资机构化特征日趋明显，截至 2008 年年底，机构投资者所有的上市公司股票市值已占流通股市值的半数以上，但其中证券投资基金占到整个机构投资者持股的 80%。相较于此，社保基金、企业年金和保险公司等机构投资者发展较为缓慢。机构投资者的这种发展格局阻碍了机构投资者的均衡发展和竞争化市场格局的形成。

在机构投资者发展的过程中，由于受各方面因素的限制和约束，我国机构投资者曾以消极投资者的身份出现在资本市场上，受逐利动机驱使的短视行为较为严重，其行为模式更多体现为只是出于对自身利益追求的"用脚投票"。在市场基础设施和制度建设没有同步跟上的情况下，这就难免导致机构投资者与上市公司操纵市场行为的发生，从而损害中小股东的利益和资本市场的正常运作。但随着市场环境的成熟和机构投资者自身的不断发展，股东积极主义发挥了一定的作用，机构投资者在资本市场上的信息优势和资源优势也逐渐显现，机构投资者开始关注上市公司的治理信息，参与上市公司治理，尝试扮演作为公司外部治理机制的重要一环所承担的参与者和监督者的角色。此外，社保基金、企业年金等，占机构投资者持股份额较少，且受持股份额结构的限制，在稳定市场和参与公司治理方面的作用尚未完全、充分显现，不过其因特殊的基金性质，更为关注公司治理结构的完善和信息披露的透明度，谋求长期战略投资利益，未来在公司治理中必将发挥更为积极的作用。

尽管目前机构投资者在资本市场中的羊群行为较为普遍，在一定程度上加剧了市场的波动，但羊群行为本身并非如有些学者所言，是破坏市场稳定的必然因素，关键还在于驱使机构投资者群体性行为的因素，即获得的信息是否准确反映了股票的市场价值，而这又取决于很多因素，包括市场化水平的高低、市场制度建设等外部机制和机构投资者本身的结构特征、内部治理水平等内部机制，等等。

我国机构投资者之所以呈现出这种发展现状，取决于它的发展环境以及在发展过程中所面临的约束。

三　面临的约束

如上文所指出的，我国机构投资者现在处于蓬勃发展时期，我国资本市场的发展越发成熟和稳定。随着监管部门对市场准入限制的放松以及相关法律法规的日益健全，机构投资者必将迎来更快更大规模的发展。但囿于机构投资者本身以及市场环境等的限制，还存在很多约束机构投资者发展的内部和外部因素。

从机构投资者内部来看，第一，存在内部股东结构不合理和产权不明晰的问题。比如证券投资基金和设立基金的证券公司之间的产权联系就可能诱发坐庄行为等，而多数机构投资者的国有性质又使其面临出资者缺位问题，很容易诱发投机行为。第二，机构投资者和作为其投资对象的上市公司一样面临内部治理的问题，特别是机构投资者内部监控机制的不到位和激励约束机制的不完善，必然使投资行为带有某种盲目性，制约机构投资者的健康发展。第三，主要机构投资者之间投资理念不同，机构投资者本身的成熟度不够，其在资本市场不同的行为表现（投资偏好、换手率等）会直接或间接地对整个市场的资本投资理念产生影响，反过来也影响了机构投资者本身的发展。第四，机构投资者行业自律管理机制不健全，没有专业的机构投资者协会组织，不能更好地发挥行业监管的优势，也不利于投资者的专业能力、职业道德和社会责任感的培养和塑造，这些软机制的不健全同样是阻碍机构投资者进一步发展的瓶颈。

从机构投资者外部来看，外部环境的约束对机构投资者发展的影响更为直接也更为重要，笔者在此仅从宏观上进行概括性的描述，更为详细的分析将放在本章第三节。机构投资者发展所面临的外部约束主要有：第一，我国资本市场结构单一、发展不完善。在我国资本市场上，主板市场主要为国有企业提供上市服务，二板市场除门槛略有降低外，其运行机制与主板市场大同小异，三板市场的投资品种有限、创新不足。第二，法律法规不健全。我国已建立了以《公司法》《证券法》《证券投资基金法》等为主体的基本法律体系，但资本市场更多的运作规范仍然严重依赖政府部门的规章，难以满足机构投资者发展的法制环境要求，对机构投资者的投资约束也较为严格，在一定程度上束缚了机构投资者的发展。第三，上市公司的公司治理机制存在严重缺陷，包括内部治理机构的不科学和外部治理机构的失范。这就必然影响机构投资者投资时的目标选择以及持股的后果和行为模式。第四，对于机构投资者的监管，我国目前的监管体系是分类归口监管、政府监管与行业监管相结合。但这种监管模式已然限制了机构投资者进一步发展创新的空间，监管模式有待革新，监管效率有待提高，行业监管的力度也有待强化。第五，机构投资者主体的多元化格局已经形成，但这种格局是不平衡的，证券投资基金一支独大，其他机构投资者发展空间有限，严重阻碍了市场竞争机制的形成，不利于资本市场的良性健康发展。第六，我国投资市场上的个人投资者尚不成熟。我国股市投资者规模已是全球最大，中国证券登记结算有限公司数据显示，截至 2016 年 2 月份，我国股票市场中，投资者账户数量共有 10161.08 万个，其中个人投资者账户数量为 10132.09 万个，占比为99.71%，机构投资者账户数量为 28.99 万，占比为 0.29%。但由于我国资本市场发展历史还短，个人投资者风险意识淡薄，专业知识储备不足，投资理念落后，个人投资者的不成熟直接影响到机构投资者，进而影响到整个资本市场。

第三节　机构投资者发展的外部因素

机构投资者是资本市场高度市场化的产物，其运作及功能的发挥需要一定制度环境的支撑，包括所处的市场环境、法律环境以及作为其投资对象的上市公司的治理状况，这些外部因素最为直接地影响和制约着机构投资者的发展。

一　市场环境

20 世纪 80 年代末 90 年代初我国正式建立社会主义市场经济体制以来，经过不断摸索和尝试，目前我国资本市场的市场化水平有了飞速提高，市场化运作良好有序，但整体上来看，我国资本市场还处于转型时期，市场基础建设有待加强，资本市场的基本制度和基础产品建设落后，难以满足机构投资者发展的需要，金融衍生品市场的发展需要积极推进。市场投资品种过少、市场品种创新不足的问题已经引起市场监管部门的注意和重视，相信未来市场投资品种会不断增加，以满足市场需求。

在股权结构方面，我国证券市场建立之初，对国有股流通问题采取搁置的办法，形成了股权分置的格局。但从 20 世纪末以来，由于市场发展的需要，股权分置改革的问题提上日程。经过不断探索，2004 年 1 月 31日，国务院发布《关于推进资本市场改革开放和稳定发展的若干意见》，经过努力，股权分置这一基础性问题基本解决，但国有股一股独大的股权结构仍未发生根本性改变，国有股和国有法人股的持股比例达到 2/3，国有控股在一定程度上抑制了机构投资者的热情，需要积极有序地推进国有股减持，促进股权结构的进一步优化。

我国市场发展历时短的现实以及市场经济体制确立的行政主导性，决定了政府干预等非市场化因素的大量存在，市场化水平仍然偏低。为了促进和引导我国资本市场的健康良性发展，我国资本市场的发展应当遵循市场规律，逐渐减少政府干预，摒弃"超常规、创造性地发展机构投资者"这种行政色彩浓厚的干预市场发展的理念，积极提高市场化水平，充分发挥市场的作用，根据机构投资者内在的发展规律和市场要求，将重点放在为机构投资者创造更为优良的市场基础和制度环境上。

对于债券市场的监管，我国目前实行的是多头监管，债券的发行核准和市场交易监管涉及人民银行、财政部、发改委、证监会和银监会等五个部委。多头监管使监管效率低下，也造成证券市场上监管标准和交易规则的不统一，阻碍债券业健康发展。具体到机构投资者的监管，分类归口监管、政府监管与行业监管相结合的监管模式已不能适应机构投资者的发展要求，实现从机构监管向功能监管的转变势在必行。现有的监管体制对机构投资者的制约机制很不健全，而机构投资者在资本市场上所具有的信息、资本优势及其逐利动机，经常导致机构投资者损害中小股东利益的现象发生。同时我国又是一个以个人投资者为主体的市场，投资者尤其是中小投资者因为发展尚不成熟以及在风险评估和信息获取方面的局限，其权益很容易受到侵害，有鉴于此，2011 年年底，中国证监会投资者保护局宣告成立，从组织层面完善了对投资者利益保护的机制，但"投资者保护局"是否真能保护投资者权益，至少就中国证券市场的现状来说，是不容乐观的。

如上文所述，在我国机构投资者发展的第二阶段，就已经形成了多元化的机构投资者格局，但证券投资基金占全部机构投资者持股的 80% 以上的一支独大局面，严重制约了市场竞争机制的形成和机构投资者整体的发展。

包括诚信体系的塑造、股权文化的生成、从业人员职业操守的遵守、对成熟的个人投资者的培养、行业自律机制的建立等在内的软环境的建设一直是我国资本市场的软肋，软环境对于规范机构投资者发展所起的重要作用没有受到足够重视。近年来，证监会在资本市场诚信建设方面不遗余力。2011 年，证监会适时提出了构建资本市场诚信体系的五项措施，即建设统一、全面、权威的证券期货市场诚信信息平台；健全诚信监管的有效机制，丰富资本市场诚信约束手段；完善资本市场诚信制度体系；积极培育资本市场信用服务市场；大力开展诚信宣传教育，优化资本市场诚信环境。目前，我国资本市场活动及监管中的诚信约束正在不断强化：一是诚信建设的法律基础更加坚实，在《证券法》的修订、《期货法》的制定中都完善了法律责任中对于诚信的要求；二是正式启动运行了资本市场统一的诚信数据库；三是建立了证券期货市场失信记录互联网查询平台；四是推进了部际信用信息共享，使中国人民银行征信系统、最高人民法院、国家税务总局等的相关信息可供证券监管系统共享使用。如果说股权文化的生成是一个长期自发的过程，需要高度的市场化和规范有序的市场环境，则培训和强化从业人员的职业道德以及引导个人投资理念、培养成熟的个人投资者可以有积极的作为，我国证券市场主管部门应当加大在这些领域的投入，完善并强化金融投资领域的行业自律机制，赋予行业协会更大的权限，充分发挥行业自律管理的作用。

二 法律制度

我国调整资本市场的相关法律制度是随着证券市场的不断发展而逐步建立和完善的。在我国机构投资者发展的第一阶段和第二阶段前期，相关法律制度缺失，机构投资者的发展主要靠政府部门的政策引导，1993 年年底通过、1994 年 7 月 1 日起开始实行的《公司法》在一定程度上对机构投资者的设立和运作起到了规范作用，但整体上来说机构投资者的发展处于无序的状态。1997 年国务院证券委员会颁布《证券投资基金管理暂行办法》（已于 2004 年 8 月 12 日被废止），对证券投资基金的设立、募集、交易、投资及监管等做了较为详细的规定，促使我国机构投资者开始真正发展。此后，1998 年颁布《证券法》，以及 2005 年对《公司法》和《证券法》进行同步修订，首次将基金纳入调整范围，但对持股比例和短期交易等的限制性规定，一定程度上影响了机构投资者对资本市场正面作用的发挥，但新《公司法》规定的累积投票制、新《证券法》对内部人交易的放宽等成为机构投资者蓬勃发展的催化剂。其间，我国证券市场的发展和成熟，不断催生调整各类机构投资者的法律法规出台，在新的法律法规的引导和规制下，多元化的机构投资者格局形成，证券市场的发展更为规范化和制度化，相对完善的证券投资法律体系已经建立。

但随着证券市场的发展变化，新的问题和矛盾不断出现，资本市场现有的法律制度框架需要适时进行调整：对于证券投资者组合投资的限制性规定需要适当放松管制，提高机构投资者的持股比例，增强单个机构投资者的话语权，激励机构投资者发挥股东积极主义的作用；一些法律法规的空白需要填补，比如投资顾问法、证券投资者保护法等。此外，由于我国政治经济发展的不平衡，市场化程度以及法律制度的实施和执行力度存在明显的区域性差异，这在一定程度上制约了我国机构投资者作用效力的发挥，因此，平衡地区市场发展水平差异和逐步实现执法的普遍统一性成为一项迫切而必要的任务。

在对投资者进行保护的制度设计上，我国法律规范经历了从无到有的过程，但在目前的法律体制下，对投资者保护的力度还不够，特别是对中小投资者利益的保护程度制约着资本市场的整体发展，从而也对机构投资者的发展产生影响。2011 年年底，中国证监会投资者保护局宣告成立，但保护投资者权益的关键还是要靠法律和制度。在国际资本市场上比较通行和最有利的保护投资者合法利益的工具——投资者集体诉讼制度——始终未被引入我国资本市场，从而使投资者的合法权益很难得到保护。

对于不同类型的机构投资者，我国法律制度的健全程度和约束机制也存在以下六点明显差异。

（1）证券投资基金。如上文所述，1997 年《证券投资基金管理暂行办法》的发布实施促进了我国机构投资者的崛起，使证券投资基金步入规范发展的快车道，成为我国机构投资者中的主体力量。2000 年《开放式证券投资基金试点办法》发布之后，开放式上市基金的推出标志着我国证券投资基金发展迈上新的台阶。2003 年通过并于次年实施的《证券投资基金法》确认了证券投资基金在我国市场经济中的地位和作用，该法实施多年后，已经不能适应证券投资基金发展的市场要求，关于"基金财产的投资活动"的关联交易限制条款，以及对私募基金发展的限制等，限制了基金业发展的空间，也限制了已上市的托管银行与其他商业银行的公平竞争。2012年年底，该法进行了修订并于2013年6月1日起施行，这次修订有较多创新，包括改革了基金管理人制度，放宽了基金管理人的组织形式，允许管理人由依法设立的公司或者合伙企业担任，适度降低了基金管理人的市场准入门槛；规定保险、券商及私募基金等都可进入公募领域，促进了机构更加多元化发展；从法律上承认了私募股权基金的合法地位，并将其纳入监管，对于私募基金中的非法集资、欺诈客户、挪用资产、不正当竞争等现象起到了较好的监管作用；取消了对基金从业人员炒股的限制，增加了基金行业的透明度。2015年该法再次修订，在基金管理人的责任、诚信义务等方面进行了进一步完善。

2012年颁布的《证券投资基金管理公司基金管理办法》加强了对基金管理公司的监督管理，对规范基金管理公司的行为和保护相关当事人的合法权益起到了很大的积极作用。但2004年发布实行的《证券投资基金运作管理办法》第三十一条对证券投资的限制性规定（"一只基金持有一家上市公司的股票，其市值不得超过基金资产净值的百分之十"，"同一基金管理人管理的全部基金持有一家公司发行的证券，不得超过该证券的百分之十"）在很大程度上限制了证券投资基金积极作用的发挥，需要适当放宽此等限制，激励机构投资者更加积极地发挥股东积极主义的作用。

（2）证券公司。对证券公司投资活动进行专门调整的主要是2008年颁布实施、2014年修订的《证券公司监督管理条例》和2012年颁布、2013年6月开始实施的《证券公司客户资产管理业务管理办法》，二者都对证券公司受托进行投资业务的资质条件及持股比例等做了明确规定。2008年修订后施行的《证券公司的风险控制指标管理办法》为证券公司的风控提供了管理规范，高管人员任职资格、从业人员任职资格等方面也已建立了相应的管理办法。

（3）保险公司。1999年的《保险公司投资证券投资基金管理暂行办法》（2003年重新修订）和《保险公司购买中央企业债券管理办法》（2003年重新修订），2003年的《保险公司投资企业债券管理暂行办法》，2004年的《保险机构投资者股票投资管理暂行办法》和2005年的《保险公司股票资产托管指引（试行）》等法律和文件搭建了保险公司投资证券市场的法律制度框架，使保险公司在资本市场上的运作范围不断拓宽，同时对保险公司投资证券市场的资金等限制也逐渐放宽，这为保险公司在证券市场上的发展壮大提供了保障。

（4）2001 年 12 月颁布的《全国社会保障基金投资管理暂行办法》对社保基金的投资、托管、收益分配和账户财务管理等做了全面规定，其中第 28 条和第 29 条对投资股票的比例限制做了明确规定：证券投资基金、股票投资的比例不得高于 40%；单个投资管理人管理的社保基金资产投资于一家企业所发行的证券或单只证券投资基金，不得超过该企业所发行证券或该基金份额的 5%；按成本计算，不得超过其管理的社保基金资产总值的 10%。

（5）2000 年 8 月国务院《关于完善城镇社会保障体系的试点方案》将企业补充养老保险更名为企业年金，并鼓励对企业年金进行市场化运作，2004 年劳动和社会保障部发布了《企业年金试行办法》，并会同银监会、证监会和保监会联合发布了《企业年金基金管理试行办法》，这些文件加上 2004 年 5 月 1 日起实施的《企业年金基金管理试行办法》（已废止），成为当时调整企业年金的主要规范。2011 年 2 月，人力资源和社会保障部联合银监会、证监会、保监会发布《企业年金基金管理办法》，其中对企业年金投资比例的限制性规定主要是第四十八条第（三）项："投资股票等权益类产品以及股票基金、混合基金、投资连结保险产品（股票投资比例高于或者等于 30%）的比例，不得高于投资组合企业年金基金财产净值的 30%。其中，企业年金基金不得直接投资于权证，但因投资股票、分离交易可转换债等投资品种而衍生获得的权证，应当在权证上市交易之日起 10 个交易日内卖出。"在第五十条中还有如下规定："单个投资组合的企业年金基金财产，投资于一家企业所发行的股票，单期发行的同一品种短期融资券、中期票据、金融债、企业（公司）债券、可转换债（含分离交易可转换债），单只证券投资基金，单个万能保险产品或者投资连结保险产品，分别不得超过该企业上述证券发行量、该基金份额或者该保险产品资产管理规模的 5%；按照公允价值计算，也不得超过该投资组合企业年金基金财产净值的 10%。单个投资组合的企业年金基金财产，投资于经备案的符合第四十八条投资比例规定的单只养老金产品，不得超过该投资组合企业年金基金财产净值的 30% ，不受上述 10% 规定的限制。"作为后起之秀的企业年金将在法律法规的引导下迎来快速发展。

（6）2002 年 11 月颁布的《合格境外机构投资者境内证券投资管理暂行办法》将 QFII 制度引入我国资本市场，2003 年第一单 QFII 上市，截至 2016 年 9 月，共有 304 家境外机构获得 QFII 资格，成为仅次于基金的第二大类机构投资者。2006 年 8 月，证监会适时推出《关于实施〈合格境外机构投资者境内证券投资管理办法〉有关问题的通知》（已废止），对 QFII 的持股比例做了明确限制："单个境外投资者通过合格投资者持有一家上市公司股票的，持股比例不得超过该公司股份总数的 10% ；所有境外投资者对单个上市公司 A 股的持股比例总和，不超过该上市公司股份总数的 20% "。随着资本市场的发展，2012 年证监会对上述限制进行了修订，放宽了合格境外机构投资者的持股比例限制，将所有境外投资者对单个上市公司 A 股的持股比例总和不超过该上市公司股份总数的比例由 20% 提高至 30% ，上海证券交易所和深圳证券交易所于 2014 年做出了跟进调整，放宽了相关合格机构投资者的持股比例和投资范围限制，这将有利于吸引更多境外长期资金进入境内资本市场。

三　公司治理

所谓公司治理，直白地说，就是通过建构合理的公司内部组织结构和有效的外部监控机制，来最大化地实现公司价值。因而公司治理可以从内部治理机制和外部治理机制两个方面来分析。下面笔者对这两种机制进行简单介绍，重点阐述机构投资者在公司治理中所发挥的作用及其制约因素。

（一）公司治理的内部机制。公司的内部治理通常是指以产权为主线，根据《公司法》所规定的法人治理机构对公司进行的治理（李维安等，2001：36）。根据我国《公司法》，上市公司的法人治理结构包括股东大会、董事会和经理、监事会、独立董事。在内部治理机制上，我国上市公司主要面临如下困境。其一，股权结构不合理。股权结构是决定公司治理机制有效性的最重要的因素，但如前文所述，我国上市公司中国有股和国有法人股占比畸大，这种股权结构严重制约了公司治理结构的完善，内部人控制现象严重，成为上市公司发展的一大桎梏。其二，对于董事和经理，董事会内部缺乏有效的制衡机制，独立董事制度在国有绝对控股的股权结构下也难以发挥作用。

（二）公司治理的外部机制。相对于以产权为主线的内部治理机制，外部治理机制主要以控制权市场、经理市场、产品市场中的竞争和监督机制为主线。作为在经济转型过程中依靠政府推动而发展起来的资本市场，我国公司治理的外部机制发展相当不完善。由于我国股权分置改革完成时间并不算久，加上国有股绝对控股的现状，控制权市场很难形成；也不存在真正的经理市场，缺乏对经理人员进行评价的市场机制，对经理人员的任命制也限制了经理市场中竞争机制的形成；中介机构的公司外部治理、监督作用仍没有发挥。

（三）机构投资者在公司治理中的作用。20 世纪 80 年代在国外资本市场上兴起的股东积极主义使机构投资者有机会参与公司的治理，成为参与公司治理的重要机制之一，对于提升公司的治理水平起了不可忽视的积极作用。证监会发布实施的《上市公司治理准则》为我国机构投资者参与公司治理提供了法律上的条件，其第 11 条明确规定："机构投资者应在公司董事选任、经营者激励与监督、重大事项决策等方面发挥作用。"机构投资者参与公司治理，一方面可以弥补中小股东激励不足的问题（机构投资者因其参与公司治理的成本较低以及本身具有的信息和资金等优势，有足够的动力参与公司治理）；另一方面可以克服上市公司中内部人控制的问题，成为公司治理的一种新型机制。

机构投资者参与公司治理的作用方式有两种，既可以在内部治理中发挥股东积极主义的作用，"用手投票"，又可以在外部治理机制中扮演监督者的角色，"用脚投票"，通过在"公司控制权市场"中的抛售等行为向资本市场传递各种信号，进而引发一系列市场反应，间接影响公司治理。根据国外资本市场的经验，机构投资者股东积极主义的发挥主要通过以下方式来进行：公开建议、私下协商、股东提案、行使投票权及代理权争夺、股东诉讼、机构投资者联合行动等。至于具体采用哪种形式，机构投资者往往会综合考虑其持股比例、公司管理层的反应以及目标公司的具体情况而确定。就我国目前的情况来说，机构投资者股东积极主义的作用虽然开始发挥，但并不充分，主要原因在于面临外部和内部的重重制约，主要体现在两个层面。第一，股权结构不合理和市场基础设施建设的不健全，以及对机构投资者持股比例的限制约束了机构投资者参与上市公司治理的可能性和积极性。因此，需要创造条件，为机构投资者参与公司治理提供制度上的可能和激励机制，首先要促进我国股权结构的优化，推进国有股的减持，其次要适当放松对上市公司的管制，提高其持股比例的额度，同时要完善各种市场基础建设，加强对市场的监管和各种机制的完善，提高上市公司治理信息的透明度。第二，机构投资者本身存在治理问题。机构投资者与外部经理人间的特殊委托代理关系，使经理人未必以机构投资者的利益为行为导向；此外，机投资者与目标公司之间存在的某种利益关联也会弱化机构投资者参与公司治理的积极性。

第四章　理论基础与机理分析

企业是由一系列契约构成的经济组织，在经营权和所有权分离的背景下，由于信息不对称，产生了代理问题，公司治理是为解决代理问题产生的一套机制，企业的利益相关者对公司经营决策有着不同程度的影响。作为公司股东，机构投资者会以各种方式参与公司治理，影响企业的投资决策。

第一节　理论基础

一　代理理论

契约的思想最早可追溯至 200 多年前的亚当·斯密，他在《国富论》中论述了企业的起源是分工，交易是人类的天然倾向，并提到以劳动分工为基础、以交易为前提，建立自由市场经济体系。契约是指两个或两个以上的当事人之间，在自由平等、意思自治的前提下，为改进各自的经济状况或经济预期所达成的关于权利流转的协议或约定。契约理论是 20 世纪 30 年代以来的一种主流企业理论，它源自科斯 1937 年发表的经典文献《企业的性质》，之后由 Jensen 和 Meckling（1976：310）等多位学者加以发展，形成了如今较为系统的交易费用学派、非完全契约学派、代理理论学派等派别。尽管这些学派各有侧重，但均以企业作为一系列契约的联结为基础，在企业存在的根源、企业的边界以及企业的产权等问题上展开讨论。其中代理理论侧重研究企业的内部结构与企业中的代理关系，这正是本书所关注的主题——企业内部的投资行为和企业的代理关系，代理理论是本书的主要理论基础之一。

随着公司所有权和经营权的分离，契约中的委托方与代理方均按自身效用最大化的目标行事，导致委托代理问题出现，委托人难以约束代理人实现自身的利益最大化目标。代理理论主要探讨在信息不对称、契约不完备以及外部环境不确定的情况下，委托人如何以一定的监督成本来控制代理人的行为，以规避代理人的"道德风险"和"逆向选择"问题，使代理人的行为能与委托人的利益最大化相一致。

根据研究方法的不同，代理理论可以分为代理成本理论和委托代理理论。

（一）代理成本理论

代理成本理论侧重于分析签订契约和控制社会因素。Jensen 和 Meckling（1976：305）通过对企业资本结构的分析，开创了实证的代理理论——代理成本理论。他们指出，当公司所有权和控制权分离时，代理人在公司经营中，会因自利动机而采取与委托人利益不一致的行为，并且，由于信息不对称以及分散股东缺乏监督动力，代理人的行为往往偏离委托人利益，转而追求自身利益最大化，从而产生了所有者与管理者的利益冲突，即代理问题。代理问题出现时，委托人可以通过签订契约，给予代理人适当的激励，同时承担监督成本来限制代理人不符合委托人利益的行为，这些金钱的和非金钱的监督成本和约束成本，共同促成委托人和代理人两者的目标达成一致，而代理成本就是设计出这套约束与激励机制所花费的成本和费用，它主要包括：①代理人的约束成本；②委托人的监督成本；③委托人和代理人签订契约的成本；④剩余损失，即不能完全控制代理人行为而引起的损失。

（二）委托代理理论

委托代理理论使用正式的数学模型，探讨委托人和代理人之间的激励机制和风险分配机制。委托代理问题的产生，一方面源于契约双方的信息不对称，代理人掌握了委托人不了解的信息，包括市场信息、私人信息等；另一方面源于监督成本的存在使委托人难以对代理人实施有效监督。现有理论认为委托－代理关系主要有如下三个特征。第一，信息不对称。委托人和代理人掌握的公司生产经营信息是不对称的，代理人作为公司的管理者，更了解企业生产、收益和成本等方面的信息，而作为委托人的股东，由于监督成本的存在，无法实现对代理人的有效监督与激励，需要通过更多渠道和方式获取公司和代理人的准确信息，以采取相应的激励或惩罚措施。公开的公司信息披露能够减少股东和公司之间的信息不对称程度，从而减少公司管理层的逆向选择和道德风险问题。第二，激励不相容。委托人与代理人追求的目标不同，效用函数不同。适当激励代理人或承受约束代理人越轨行为的监督费用的方法，可以限制代理人与委托人之间的激励不相容问题。第三，责任不对等。代理人掌握着公司的经营控制权，但不承担盈亏责任，委托人不掌握经营控制权，但承担盈亏责任，导致责、权、利不对称。

所有权和经营权的分离，产生了股东与管理层之间的利益冲突，出现了第一类委托代理问题。而 La Porta、Lopez-de-Silanes 和 Shleifer（1999：498）研究发现，当前公司股权结构中普遍存在大股东持股现象，大股东需要获得一部分超额现金流权以弥补其控制权成本，如果超额现金流权超过了控制权的正常收益，则会产生大股东侵占小股东利益的行为。Johnson 等（2000：26）把大股东将低层企业的资金或利润转移到高层企业，从而使中小股东利益受到侵害的行为称为隧道行为（tunneling）。这种代理问题出现在控制性股东与其他中小股东之间，即第二类委托代理问题（郑志刚，2004：31）。两类委托代理问题均为公司治理需要解决的核心问题，即管理人控制问题和大股东控制问题。

二 信息不对称理论

信息不对称理论是微观信息经济学研究的核心内容，自 1970 年美国经济学家阿克洛夫《柠檬市场：质量的不确定性和市场机制》一文开始，信息不对称问题受到经济学界的注意，此后阿罗、赫什雷弗、斯彭斯、格罗斯曼、斯蒂格利茨等经济学家在该领域进行了拓展性研究，发展了"逆向选择"理论、"市场信号"理论等，逐渐形成了信息不对称理论体系。

所谓信息不对称，是指行为人之间信息占有上的不同，即信息在相互对应的经济个体之间呈不均匀、不对称的分布状态，有些人对关于某些事情的信息比另外一些人掌握得多一些。在市场中不对称信息的形式和表现多种多样，基本可分为三类：买卖双方的信息不对称、买方与买方之间的信息不对称和卖方与卖方之间的信息不对称。其中第一类形式最为常见。

导致信息不对称存在的主要有主观和客观两方面原因，主观原因是不同经济个体获取信息的能力不对称，产生了信息不对称。客观原因是社会分工的发展和专业化程度的提高，使行业专业人员与非专业人员之间的信息差别越来越大，造成经济个体之间的信息不对称。

在标准的新古典经济学中，"信息是充分完全的"是其重要假设之一，信息可以无成本地获得，并且集中反应在价格上。然而，在现实世界里，各项信息成本均真实存在，加之信息传递过程中的噪声，信息失真产生了。信息分为公共信息和私人信息，前者是大家都能观察或能掌握的信息，但后者是在订立契约时或在契约执行过程中，一方知道而另一方并不知情的信息。在企业内部，代理人是内部决策人，拥有私人信息，对股东而言信息则是不完全的，难以获取的。信息不对称必定导致信息拥有方为牟取自身更大的利益使另一方的利益受到损害。在委托人和代理人之间的契约关系中，可能会出现代理人谎报的情况，即可能存在"逆向选择"问题；或者代理人可能会采取委托人并不希望的行动，即可能存在"道德风险"问题。

为了减少或避免这类行为的发生或降低信息搜寻成本，提高社会资源配置效率，经济学家从不同角度提出了不同的理论和模型。在逆向选择方面，他们分析了销售、保险、信贷等市场中"劣币驱逐良币"的现象，认为消除或缓冲这种影响的方法较多，如可以借助市场声誉、政府或制度的强制措施、信号显示与甄别等，其中市场信号理论被认为是较为理想的一种方法，它包括代理人占主动地位的信号显示及委托人占主动地位的信号筛选。前者是指占据信息优势的一方通过某种方式向处于信息劣势的一方发出市场信号，以表明自身与众不同的优秀特性，后者是指在交易之前，处于信息劣势的一方以某种低成本的方式给出区分不同类型的市场信号以求获得自己所需的信息。

道德风险则是指由于代理人行动的不可观察性，在委托人和代理人签订契约后，代理人可能会在最大化自身利益的同时损害委托人的利益，且不承担全部后果。由于委托人和代理人可能目标不一致，双方信息不对称，加之代理人的行动无法观察，造成了道德风险问题。在企业中，所有权和经营权分离，股东和管理层的目标就会不一致，股东希望公司价值最大化，管理层则希望有优越的办公条件、更多的闲暇时间、丰厚的报酬，并且管理层在抗风险能力方面相对更差，因此可能会选择收益率不高但风险较低的项目，以保全自身现有的地位，另外，管理层更关心合同任期内的业绩，往往通过牺牲长远利益来实现短期目标。为了缓解道德风险问题，企业可以通过一些内外部制约机制，如绩效工资、惩罚措施、经理人市场等，来约束管理层的行为。

三　公司治理理论与投资理论

（一）公司治理理论

公司治理的研究和实践历史并不长，大约在 20 世纪 80 年代才出现在英文文献中。现代企业在产权结构中的所有权和经营权分离，产生了委托－代理问题，公司治理就是为解决这一问题而诞生的。而随着经济的发展、资本市场的完善，企业的利益相关者逐渐增多，平衡和维护各方利益成了公司治理的新义。国内外的学者和实践者们几乎一致认为，良好的公司治理是公司竞争力的来源和企业长期增长的基础。

1. 公司治理的理论依据

学者们对于公司治理的理论根源有不同的看法，其中较有代表性的是费方域的观点：公司治理理论主要源于管家理论、委托代理理论和产权理论。

古典管家理论以新古典经济学为基础，以完全竞争市场、对称信息、理性经济人为假设条件，认为：企业内部安排属于管理学研究范畴，企业所有者主导企业行为，企业经营者只是一个按照所有者命令行事的管家，不可能具有不同于企业所有者的意志，公司治理对于企业运营而言并不重要。

由于理想化的前提假设，古典管家理论这一类的公司治理无关论难以指导实践，因此逐渐为公司治理有关论所取代。委托代理理论以信息经济学为基础，认为在市场中信息是不完备和非对称的，不同经济人对信息的掌握程度不可能完全相同，因而形成委托－代理关系，代理方被推断为具有机会主义倾向，当这种倾向转化为逆向选择或道德风险等机会主义行为时，代理问题产生。要解决代理问题，必须依赖公司治理，即设置一定的机制，对代理人进行激励或监督，抑制机会主义行为，使委托－代理双方目标趋于一致。

现代产权理论是现代企业理论的重要组成部分，它认为只有私有产权才是边界清晰、最有效率的产权形式，产权的本质是剩余控制权，是公司控制权力的基础，当公司控制权被交给董事会和经营者时，需要从制度上将产权结构化，将剩余控制权授予经营者，使企业内部形成可监督的制度安排，以解决经济人的机会主义倾向。这些理论表明，公司治理的存在对产权的实现和保护是至关重要的。

2. 公司治理的内涵

Berle 和 Means（1932：10）的著作《现代公司与私有财产》，拉开了公司治理研究的帷幕，随着公司制企业的迅速发展，公司出现了股权结构分散化、两权分离等特征，股东与管理层之间的代理问题受到学者们的关注，公司治理问题日益成为公司焦点。但关于公司治理的概念，至今仍未形成普遍接受的统一标准，各方因侧重点不同而观点各异。综观国内外学者对公司治理含义的界定，公司治理包含两层含义：正式的制度安排和非正式的制度安排。

一些学者比较注重正式的制度安排，如钱颖一（1995：22）认为，公司治理是处理股东、贷款人、管理人员、职工等不同利益相关者之间的关系，以实现经济目标的一整套制度安排，包括公司控制权的配置和行使，对董事会、经理人员和职工的监督以及业绩评价、激励机制等制度的设计和实施；又如林毅夫、蔡昉、李周（1997：5）认为，公司治理结构是指所有者对一个企业经营管理进行监督和控制的一整套制度安排。另一些学者认为，公司治理是资金提供者为了保障管理者将自己应得的部分还给自己的一系列手段（Shleifer and Vishny，1997：740）。更多的学者则注重两个层面的含义，布莱尔（1999：23）认为，狭义的公司治理是指有关董事会的结构和权利，广义的公司治理是一种法律文化和制度性安排的有机整合。李维安（2000：27）认为狭义的公司治理，是指所有者（主要是股东）对经营者的一种监督与制衡机制，广义的公司治理则是通过一套正式或非正式的、内部或外部的制度或机制来协调公司与所有利益相关者（股东、债权人、供应者、雇员、政府、社区）之间的利益关系。张维迎（1999：25）则认为，狭义的公司治理结构是指有关公司董事会的功能与结构、股东的权力等方面的制度安排；广义的公司治理是指有关公司控制权和剩余索取权分配的一整套法律、文化和制度性安排，是企业所有权安排的具体化。

综上，笔者认为：公司治理是一套以企业为中心的相关者利益关系的制度安排，它包括内部治理和外部治理两个层面，内部治理是指为解决委托-代理问题而设计的平衡股东、董事会、管理层的权利、职责及公司事务决策的一系列制度安排；外部治理是指一整套对公司治理有制衡作用的法律、文化和制度性安排。

3. 公司治理模式

现有的公司治理模式主要有三种。其一，英美模式。该模式主要存在于英、美等代表性国家中，股权高度分散，资本市场融资是公司的主要融资渠道，董事会是公司治理结构中的关键环节，经理人市场高度发达，能对管理者形成有效监督，相关制度和法律等十分健全和完善，债权人可通过诉讼、债务期限结构等措施对公司加以监督。其二，德日模式。该模式主要存在于德国、日本等国家，典型特点是股权集中于银行，交叉持股现象十分普遍，以银行为主要融资渠道，因此，银行可以直接参与到公司的经营决策中并实施监督。其三，家族模式。这一类模式的主要特点是公司创始人家族以复杂的交叉持股模式对公司实施绝对控制，经理人是实际控制人的代表。

（二）投资理论

本书所指的"投资支出"是指企业投资支出，是指企业在某一时期内用于增加资本存量的支出量。企业的财务决策主要包括融资、投资和股利分配，融资决策解决的是资金来源问题，股利政策解决的是盈利分配问题，而承接二者的则是投资行为。投资活动是企业实现创造价值的活动，是利用资产等企业现存生产要素创造现金收益（或现金流量）的能力，它直接决定着企业的价值。

企业投资研究主要分析哪些因素影响了企业的投资支出和投资效率，并建立投资支出与这些影响因素之间相互依存关系的投资模型。

企业投资研究的模型一般包括新古典主义模型、收入加速模型、托宾 Q 模型和以 FHP 为代表的扩展 Q 模型等。

最早的投资决策理论始于 20 世纪初期，1917 年，Clark 提出了朴素的加速器理论。该理论认为，产品需求决定着公司的投资决策，假定资本产量比为常数，可将需求函数纳入公司的投资函数中，使预期产出成为投资决策的重要参考标准。这一理论的创新之处在于引入了预期理论，但该模型忽略了资本使用成本，很少有学者单独将加速器理论作为投资决定模型使用。

1963 年 Jorgenson 提出的新古典投资模型假定企业的投资行为与合意资本存量、资金成本相关，在该模型中，资金的相对成本和现金流量是影响企业投资决策的主要因素。该模型既考虑需求效应，还考虑投资成本，更具说服力，但在实际操作方面仍需进一步改进。

上述模型分别以资金成本、营业收入和现金流量的变化解释企业投资决策，但都未考虑企业的投资机会及未来的成长性因素对投资的影响。就理论而言，企业的投资决策不仅与当期最优资本结构有关，还同未来最优资本结构，即资本的边际产出与边际成本相当时的资本存量（Bond and Meghir，1994：200）有关。诺贝尔经济学奖获得者 James Tobin 于 1969 年提出了著名的托宾 Q 模型，即用企业的市场价值与资本的重置价值之比来衡量企业未来的成长性，从而得到以下投资模型：

$$(I/K)_{i,t} = \beta_0 + \beta_1 Q_{i,t} + \beta_2 (CF/K)_{i,t} + \varepsilon_{i,t}$$

其中，I 表示投资，K 表示股本，Q 表示托宾 Q 值，代表企业未来的成长性，即成长机会，CF 表示现金流量，下标 t 表示年度，i 表示公司。β_1 和 β_2 分别表示企业的成长机会和现金流量对投资决策的影响，如果企业不受外部融资约束的话，β_2 将为零。

托宾 Q 理论的重要贡献之一是将资本市场因素成功引入企业的投资决策中，反映了现代经济社会中资产选择的特点和投资活动的价值分析。但如果将产出、现金流量、本期利润等引入模型，通常会发现 Q 以外的解释变量具有很强的解释力，而 Q 变量的显著性水平却偏低，此外，对以股票价格来反映企业经营信息的理论基础，即有效市场理论仍有争议，因为在非完全有效市场下，股票价格并不能完全反映公司信息（Green-wald and Stiglitz，1993：79），Q 值往往并不能很好地体现公司的投资机会。不过，尽管如此，该理论仍具有论证完美、实践意义简单等优点。

FHP（Fazzari、Hubbard and Petersen，1988：150）对传统的 Q 投资模型进行了扩展，在模型中增加了现金存量、未偿付债务等，以托宾 Q、现金流量和金融性流动资产来表示投资，该模型较全面地刻画了内部现金流波动等因素对投资的影响。此外，他们根据投资的销售加速模型，增加了销售收入变量，以更加全面地反映需求的影响，其模型如下：

$$(I/K)_{i,t-1} = \beta_0 + \beta_1 Q_{i,t-1} + \beta_2 (C_{i,t}/K_{i,t-1}) + \beta_3 (L_{i,t-1}/K_{i,t-2}) +$$
$$\beta_4 (D_{i,t-1}/K_{i,t-2}) + \beta_5 (S_{i,t}/K_{i,t-1}) + \varepsilon_{i,t}$$

模型中 C 表示现金流量，L 表示现金存量和短期证券，D 则是未偿付的债务，S 代表销售收入，其他符号同前。

综观现有的投资模型，大多根据 MM 理论发展而来，围绕影响企业实际投资支出的因素，采用不同的变量衡量投资机会，并考虑资金成本、现金存量等方面对投资支出的解释。然而，由于受到企业外部环境、内部治理结构等的影响，企业的实际投资支出并不一定全部有效，区分合理的、有效率的投资和不合理的、低效率的投资，即研究投资支出效率也至关重要。

（三）公司治理结构下的公司投资理论

公司治理结构是公司各利益相关者权力的制衡机制，在所有权与控制权分离情况下，公司治理应致力于解决所有者与经营者之间的关系问题，其焦点在于使二者利益相一致（Berle and Means，1932：25），研究如何降低代理成本、解决代理问题（Fama and Jensen，1983：308）。

企业从根本性质上讲是一种创造财富与价值的机制，在这一系统中，公司治理与企业管理是不可或缺的两大部分。企业是相关利益主体以契约形式组成的，公司治理以利益相关者的"权利配置"为基础，决定了企业运作的基本结构、制度、机制等，是企业开展正常经营活动及价值创造活动的基础和保障，企业管理则在这一结构、制度、机制下实现"资源配置"，进行价值创造。财务活动是企业管理活动中最为重要的经营活动之一，必然受到公司治理的影响，而且这种影响是最为深刻的。因为"利益冲突"的焦点即财务活动，西方理论界以信息不对称理论为核心的新资本结构理论和以控制权理论为核心的后资本结构理论，均基于这一前提。在财务活动中，公司治理要解决的是公司的资本供给者如何确保可以得到投资回报的途径问题（Shleifer and Vishny，1997：741），进一步地，公司治理需具体解决如下委托－代理问题："如何确知企业管理人员只取得适当的、盈利的投资项目所需的资金，而不是比实际所需多？在经营管理中，经理人员应该遵循什么标准或准则？谁将裁决经理人员是否真正成功地使用公司的资源：如果证明不是如此，谁负责以更好的经理人员替换他们？"（Miller，1995：488）

整体来看，20 世纪 70 年代后，企业理论持续发展，学者们在企业财务理论研究中逐渐引入新制度经济学方法，使委托代理理论、契约理论等得到广泛应用，现代公司财务理论随之得到较大发展，企业投资和融资问题的研究不再是简单的完全市场均衡分析，而发展成相互融合下的治理结构分析。在公司治理与公司财务理论体系融合之后，人们起初主要聚集于管理层道德风险等委托代理问题，研究公司治理结构对企业投资决策的影响。信息经济学的发展，引发了人们对管理者与外部投资者在企业投资收益预期方面的信息不对称的研究，并推动学者们将信息不对称所致的融资成本差异和逆向选择问题纳入投融资研究范畴。由此，在委托代理理论和信息非对称理论的基础上，公司治理结构下的企业投资理论体系开始形成。

1. 股东－管理者代理问题下的投资行为

代理问题的原因之一是股东与管理层之间的目标函数可能不一致。股东追求公司价值最大化，而管理者追求收入、在职消费和闲暇时间等最大化。由于信息不对称，股东无法全面真实了解管理层的行为及后果，当存在利益冲突时，管理层持有的自由现金流量越多，就越有可能从事那些能为自己谋私利却不利于股东财富最大化的投资（Jensen，1986：329；Stulz，1990：5），比如大规模投资来建造自己的公司帝国（Brealey and Myers，2000：50）。

根据代理理论，管理层和控股股东都有非效率投资的动机，将本应发放股利或投资于安全公平证券的剩余现金继续投资于净现值为负的项目，这种由代理问题导致的过度投资理论又被称为"自由现金流假说"。该假说得到了众多学者们的支持，Richardson（2006：180）是较具代表意义的研究成果之一，该文对代理问题导致的自由现金流假说进行了直接的检验，是直接分析公司非效率投资的基础之作。在研究中，企业总投资被分解为维持资产正常运转所需的支出和新项目的投资，新项目的投资被分解为 NVP（净现值）为正的新项目的投资和非正常（或预期）投资，即正常投资和非正常投资，并通过期望投资模型将非效率部分分离出来，使非效率投资得以在会计计量的框架下度量。该文还分析了投资过度或投资不足，其研究结论是过度投资主要集中在有最高自由现金流量水平的公司，与代理理论的解释一致。

2. 大股东－中小股东代理问题下的投资行为

代理问题的另一种形式——大股东与中小股东之间的利益冲突，也会引起投资的非效率。当大股东股权集中到一定程度，控股股东可能会牺牲小股东利益实现其私人收益，这种行为被称为隧道行为。控股股东对留存收益要求的投资回报率高于对资本预算项目要求的投资回报率，并在企业内部与管理者形成共享控制权私利分配机制（Baldeniu，2003：925）。

资本投资是隧道行为的重要途径之一。大股东通过资本投资攫取私利、掠夺小股东利益的现象，在世界许多国家的大型企业中都十分显著，因为集团内部资本投资等财务决策不易监控（La Porta 等，1999：498）。当控股股东股权比例超过某点、几乎拥有了公司的全部控制权时，他们将倾向于通过资本投入扩大企业的控制性资产，从而获取中小股东无法分享的控制权私有收益（Shleifer and Vishny，1997：745）。一些大股东还通过过度投资、过度多元化等行为攫取私人收益，中国上市公司也存在同样的隧道行为，股权制度安排与股权融资偏好下的过度投资行为有着密切关联（潘敏、金岩，2003：40）。

3. 股东－债权人代理冲突下的投资行为

股东与债权人之间的信息不对称将导致逆向选择和道德风险行为，进而对投资效率产生影响。在负债较大的筹资结构下，由于股东对风险仅负有限责任，股东及管理者有很强烈的动机违背借款要求从事那些风险更大的项目，因为高风险项目投资失败的大部分损失由债权人承担，他们则将独获投资项目成功时的大部分收益。这种股东和债权人之间的利益冲突使股东具有用高风险项目替代低风险项目的动机，即资产替代效应（Jensen and Meckling，1976：310）。

另外，负债融资也可能反过来影响企业的投资行为。在负债融资之前，由于信息不对称，债权人没有足够的信息判断不同项目的质量和风险（Stiglitz and Weiss，1981：401），他们必然要求更高的风险增溢，要求提高利率、信用配置或增加限制条款等，这将使股东无法以当前的市场利率获得负债，提高股东的融资成本，使股东发展项目的能力减弱从而引发投资不足。在借贷发生之后，当企业的债务超过投资项目产生的预期收益时，债权人将获得项目所有净现值，而股东将一无所获，因此，企业股东及经理将放弃部分净现值为正、能增加企业市场价值的项目，这也会引发投资不足（Myers，1977：155）。

除了利益冲突引致的投资扭曲外，负债融资对企业投资行为具有相机治理作用。一方面，债权人按债务契约获得固定利息收入，而定期偿还债务可以减少管理者谋取私利的机会（Jensen and Meckling，1976：310），从而减少管理者可支配的现金，对抑制自由现金流导致的过度投资有一定的功效；另一方面，管理层面临债权人的监控以及不能按期偿还债务所带来的破产风险，如银行的监督和严厉的债务条款，债权人专业化的监督等可以使对管理者的监督更为有效（Fama and Jensen，1983：305），这也有利于加强对管理层的监督。

四　利益相关者理论

利益相关者概念最早的表述出现在 1929 年通用电气公司经理 OwenD. Young 的演说中，他认为，除了股东以外，雇员、顾客和公众都享有公司的利益，公司的经理们有义务保护这种利益。人们将此视作利益相关者理论的发端，而最早关于利益相关者的提法，则出现在 1963 年斯坦福研究所国际公司（Stanford Research Institute International，Inc.，简称 SRI，前身为斯坦福研究所）的一个内部研讨中，是指那些若没有他们的支持，企业组织将不复存在的群体，包括股东、职工、顾客、供应商、债权人和社会。这是利益相关者的最早定义。

尽管利益相关者的概念表述出现得较早，但直到 20 世纪 60 年代，利益相关者理论才在西方国家逐步发展起来，80 年代以后其影响快速扩大，在不断完善自身理论框架的同时，利益相关者理论也在不断与股东价值最大化理论进行博弈，并逐渐为越来越多的企业所用，成为其选择公司治理模式和管理方式的理论依据。

关于利益相关者的定义，有广义和狭义之分。Freeman（1984：46）是早期研究者之一，对利益相关者理论的发展有较大影响。他认为一个组织里的利益相关者是可以影响到组织目标的实现或受其实现影响的群体或个人。这一广义的利益相关者定义为许多后续研究者所追随（Alkhafaji，1989：36；Carroll，1993：45；Donaldson and Preston，1995：70），其含义宽泛，涵盖一切，因而存在无法精确定量的问题。所以，广义概念虽然在利益相关者的研究文献里被广泛引用，却并未获得一致认同。狭义的利益相关者概念则关注利益相关者的某一个关键特征（Cornell and Shapiro，1988：10；Hill and Jones，1992：142；Clarkson，1994：5），集中于利益相关者的合法性，较符合企业现实，但确定关键特征并不容易。Carroll（1993：23）的狭义利益相关者概念比较有代表性：利益相关者是指那些与企业互动并在企业里具有利益或权利的个人或群体。Mitchell、Agle 和 Wood（1997：872）则认为利益相关者的三个关键特征是权力（Power）、合法性（Legitimacy）和紧迫性（Urgency）：权力是得到所希望结果的能力；合法性是结构或行为可为社会所接受和预期；紧迫性是利益相关者要求立即关注其利益之迫切程度。

从上述定义容易看出，企业的利益相关者是与企业有关联的群体或个人，他们与企业关联的方式、要求及目标存在显著的差异，因此把他们混同在一起研究其对企业的影响是不合理的，即利益相关者是异质性的。发展至 20 世纪 80 年代至 90 年代，出现了相当一部分对利益相关者进行细分的代表性的结果，这些分类理论大致分为以下几种。

（1）根据利益相关者持有资源的差异进行划分（Freeman，1984：46）。这种划分方法将利益相关者分为三个群体：产权利益相关者（拥有公司股票的董事会成员、高管等）、经济依赖型利益相关者（与企业有经济关系的相关群体，如员工、债权人、消费者、供应商等）、社会利益相关者（如政府、媒体等）。

（2）根据利益相关者与企业的关系及影响程度进行划分，可以把利益相关者分成直接利益相关者和间接利益相关者，二者的主要区别在于是否与企业发生了市场交易关系，直接利益相关者是与企业直接发生市场交易关系的利益相关者，主要包括股东、企业员工、债权人、零售商、供应商、竞争者和消费者等；间接利益相关者是与企业存在非市场关系的利益相关者，包括中央政府、地方政府、外国政府、媒体、社会活动团体、一般公众和其他团体等。Clarkson（1995：92）基于契约理论，将利益相关者分为主要利益相关者和次要利益相关者，主要利益相关者包括资本的提供者（股东、债权人）、高管、雇员、顾客、供应商、提供基础设施的政府、市场和社会，即对企业存续和发展产生根本性影响的群体；次要利益相关者包括环保主义者、特殊利益集团等，他们不直接参与公司交易，不对公司的生存产生根本性影响。

（3）根据是否与企业存在契约关系进行划分，将利益相关者归类为契约型利益相关者和公众型利益相关者，前者是与公司之间存在契约保护权益的群体，包括股东、员工、顾客、分销商、供应商、债权人等；后者是指无契约保护但与企业有关的群体，包括消费者、监管者、政府、压力集团、媒体、社区等。

（4）根据是否与企业有直接联系和是否有人的参与为划分标准，将利益相关者分为四种类型：主要的社会性利益相关者、次要的社会性利益相关者、主要的非社会性利益相关者、次要的非社会性利益相关者。

第二节　机构投资者与公司治理的机理分析

机构投资者的两大功能之一即影响被投资公司的公司治理水平。通过所持股份，机构投资者以积极或消极的方式参与被投资公司的公司治理。

一　机构投资者参与公司治理的动因

早期的机构投资者并无意介入公司治理，而是通过"用脚投票"来降低损失，恪守着"华尔街准则"。但随着机构投资者持股比例的不断提高，简单地"用脚投票"将严重损害其自身利益，相反，积极监管公司的行为将带来公司业绩的提升，最终可能形成公司与投资者们双赢的局面，并且，持续增长的投票权也为机构投资者参与公司治理提供了可能性（Shleifer and Vishny，1986：300）。

公司治理的成本与收益对比是机构投资者参与公司治理的根本动因。机构投资者的治理成本指机构投资者参与上市公司治理过程中各种相关成本的总和，其中直接成本包括信息搜集、处理成本，投入时间和资金的机会成本，监督成本等，间接成本则主要指机构投资者监督上市公司管理层可能招致的报复等。治理收益是指机构投资者参与上市公司治理活动所获得的收益，主要包括公司绩效的提升、公司股票市值增加，机构投资者业绩声誉的提升，公司治理水平提高带来的投资风险降低等。显然，当机构投资者参与公司治理的收益大于成本时，机构投资者将积极参与公司治理。

机构投资者参与公司治理的影响因素大致可以分为影响治理意愿的因素和影响治理能力的因素两大类。机构投资者是否独立于被投资公司，且愿意通过长期持有而获取收益，在很大程度上决定了机构投资者在公司治理中的角色。如果机构投资者与被投资公司存在商业联系，或希望与被投资公司形成商业联系，则不太可能保持其独立性，因为二者之间的商业联系必将影响机构投资者本身的经济利益。独立承担受托责任的理性机构投资者，出于自身利益的考虑必将放弃对上市公司的监管，所以这一类型机构投资者参与被投资公司治理的意愿必将大大降低。Brickley 等（1988：275）认为这一类型的机构投资者必然缺乏挑战管理层决策的勇气，不可能积极参与公司治理。Cornett 等（2007：1780）的研究也证实，只有在机构投资者与所投资的上市公司没有商业关系往来的公司中，被投资公司的现金流水平与机构投资者持股数量和机构投资者数目正相关。

影响机构投资者治理能力的因素中，持股比例和持股集中度是最为直接和关键的。持股比例升高，一方面能增加机构投资者参与公司治理的能力，另一方面也使机构投资者参与公司治理的单位成本降低，增加参与公司治理的绝对净收益。其次，持股集中度也是影响机构投资者参与公司治理的重要因素。当机构投资者持股比例相对较高，个别股票的持有集中度较高时，机构投资者有能力通过股东投票权等方式对上市公司实施积极监督，当然，出于抛售成本过高的考虑，机构投资者也会采取"用手投票"

的方式参与公司治理并最终维护自身利益。

二 机构投资者参与公司治理的方式

早在三百多年前，亚当·斯密在《国富论》中就指出，应建立一套行之有效的制度来解决股份制公司因所有权和经营权分离而产生的一系列利益冲突，公司治理就是在这样的背景下发展起来的一种制度安排。李维安、唐跃军（2005：39）认为，公司治理的目的不是相互制衡，而是保证公司决策科学化，公司的有效运行和决策科学不仅要通过股东会、董事会和监事会等内部治理结构来监控，还需要一系列通过证券市场、产品市场和经理人市场来发挥作用的外部治理机制。林毅夫、蔡昉、李周（1997：5）也指出，公司治理是指所有者对一个企业的经营管理和绩效进行监督和控制的一整套安排。

近十几年来，随着机构投资者规模的迅速扩大，我国上市公司治理结构发生了深刻变化。在这一环境中，机构投资者对公司管理层的监督成为完善公司治理的可行选择。机构投资者是介于控股股东与中小投资者之间的第三方力量，与个人投资者相比，他们拥有资金、信息和专业方面的优势，往往是价格的发现者和引导者，更善于发掘和引导市场的中长期热点，另外，机构投资者的信息收集成本相对更低、监督力量相对更强，与公司股东的利益一致，既有能力也有动力监督管理者的各项经营活动，监督企业的科学决策，促进企业绩效的提高。Hirschman（1970：51）指出，股东对管理层不满时，将采取放弃（exit）、表达不满（voice）和忠诚（loyalty）三种策略。机构投资者在根据选股策略挑选适当的公司购买其股票后，即成为公司股东，在持有股份期间，入选公司可能会出现绩效不佳或其他治理方面的问题，此时，机构投资者通常有两种行为方式：一是"消极主义"——保持沉默或放弃股份；二是"股东积极主义"，即"用手投票"——表达不满，积极参与公司治理，监督上市公司管理层行为。这两大类行为都直接或间接地参与了公司治理，无论何种行为方式，均是机构投资者理性抉择的结果。

（一）消极治理——消极主义

机构投资者的消极主义行为更多的是扮演市场交易者的角色，通过对所持股份的买卖行为间接影响上市公司治理。Hirschman（1970：51）指出，机构投资者的股东消极主义主要指"忠诚"策略和"放弃"战略，即一般情况下机构投资者不关心公司的经营决策，对公司侵占外部股东利益的行为保持沉默或采取被动的放弃策略。

Black（1990：545）认为股东消极主义意味着除非发生极端情况，股东一般不行使公司的投票权，而是主要依赖证券市场的力量特别是并购等外部治理机制来抑制公司管理层的机会主义行为。

机构投资者的消极主义行为会间接影响公司治理。机构投资者的信息优势使其在金融市场上充当着信息传播者的角色，能够将他们从管理层那里获取的信息传递给其他股东。机构投资者采取抛售股票的消极主义行为可能产生几种潜在的影响：首先，抛售股票将对股票价格产生下降的压力（Brown and Brooke，1993：60）；其次，将引发其他投资者跟风抛售。由于机构投资者的"羊群效应"及其信息传递作用，机构投资者的抛售行为向市场传递了"坏消息"，将不可避免地引发其他投资者跟着抛售股票，并因此而加大加快股票价格下跌的趋势。此外，在敌意收购盛行的年代，机构投资者对某股票的抛售行为将使该公司面临更大可能被接管，对管理层起到阻吓作用，并向市场上其他公司的管理层发出信号，有利于提高资本市场上的公司治理水平。

但是，消极行为在机构投资者早期持有单一公司股份较少、持有资产规模不大时可行，随着机构投资者持有股份逐渐增多，市场上找到相应的大接盘者的难度不断增加；另外，即使股票售出，机构投资者也很难马上寻觅到合适的再投资对象。在这种情况下，采取积极行为将是机构投资者比较明智的选择。

（二）积极治理——股东积极主义

机构投资者的股东积极主义行为是指机构投资者利用所持股份的投票权，以股东的身份参与公司治理，对公司治理产生直接影响，即 Hirschman（1970：51）所说的"发言"。股东积极主义（shareholder activism）作为外部股东为维护自身利益而积极参与公司治理的行动理念，在西方市场经济国家由来已久，其主体既包括个人投资者，也包括机构投资者。由于机构投资者是过去30多年"股东积极行动"的主角，在英美的研究文献中，"股东积极主义"通常是指机构投资者的积极行动，因此也被称为机构投资者的积极主义（institutional investor activism）。

目前，学术界并没有对"股东积极主义"做出统一、科学的定义，它更多地表现为实践行为。Blair（1995：20）认为"股东积极主义"投资者往往会保持比较积极、主动的状态，更负责地对公司经营管理进行监督。Gillan 和 Starks（2000：298）提出"股东积极主义"是对公司绩效所表现出来的一系列连续反应。它的一个极端是抛售手中的股票，而另一个极端是公司控制权市场的收购兼并，中间则是利用股东权力对公司进行监督治理。

综上，笔者认为"股东积极主义"是指机构投资者积极行使股东权利，通过正式或非正式的方式参与公司事务或经营决策等，改善公司治理和经营状况，提高公司绩效，最终提高股东投资回报的行为理念。

第三节 机构投资者与公司投资的机理分析

Wahal 和 McConnell（2000：315）的研究结果显示，机构投资者持股促进了上市公司的长期投资，采取积极交易策略的机构投资者也未造成公司的短视行为。文章以 1988～1994 年 2500 家美国公司为样本，将可能影响长期投资的控制变量，如公司市场价值与账面价值比率、资产负债率、营运收入、管理层持股比例等纳入模型之中，考察了机构投资者持股与长期投资（包括研发开支和资本开支——工厂、房产和设备投资）的相关性，机构投资者持股变化与长期投资变化的相关性，以及机构投资者的交易活跃程度与长期投资的相关性。笔者综合相关文献，认为机构投资者对上市公司投资决策产生作用的原因大致如下。

一 所有权结构

机构投资者对公司治理（包括各项经营决策）产生作用的根源在于，机构投资者是上市公司所有权结构中的重要组成部分，因此，本节将从所有权结构在公司治理中的作用展开论述。

所有权结构对公司治理的影响一直都是学术界关注的焦点。1932 年伯利和米恩斯指出，当公司管理层不拥有公司股权时，他们与股东之间会存在潜在的利益冲突，并且这种冲突在管理层与外部股东之间表现得最为明显。当外部股东持股较为分散时，小股东的搭便车行为将导致管理当局的自利行为愈演愈烈，管理层将以牺牲外部股东的利益为代价，通过操纵盈余或投资策略来提高激励额度，从而最大化自身利益，最终使公司的价值受损；当股权过于集中时，上市公司控股股东将采取各种手段转移和侵蚀公司的利润和资产，如利用不公平的关联交易追求控制权私人收益等。Johnson 等（2000：26）提出，控股股东为了自身的利益，有可能将公司的财产和利润转移出去，这种"掏空"行为将极大地损害上市公司的价值。

学者们从多个方面探讨了解决这一代理问题的方法，管理层激励是其中之一。Morck 等（1988：305）研究发现：随着管理层持股比例的增加，公司的价值会有所提高，然而，当管理层持股达到一定比例时，他们将牺牲股东利益而最大化自身利益，单纯依靠对管理层的激励契约并不能有地解决管理层与股东（特别是外部股东）之间的委托代理问题。

为了更有效地保护外部股东的利益，减少由外部股东过于分散造成的搭便车行为，及股权过度集中导致的控股股东"掏空"行为，股权结构适当集中是一种有效方法。一方面，持股比例较多的投资者有强烈的动机去监督管理层的行为，而不会采取搭便车行为，同时他们可以通过代理权竞争或外部接管给管理层施压，从而有效地克服现代公司中普遍存在的委托代理问题，实现公司价值的最大化（Shleifer and Vishny，1997：754）；另一方面，适当集中的股权结构又能在一定程度上对控股股东起到制衡作用。罗党论、唐清泉（2005：77）通过博弈模型分析认为，理想的股权结构需要多个大股东同时存在，大股东之间的相互监督可以控制私人收益。

机构投资者作为股权占比相对较高的投资者，在公司的所有权结构中往往发挥着有效的治理作用。一方面，机构投资者在监督成本低于监督收益时，有动机采取积极主义监督管理层的自利行为，且机构投资者的专业水平、信息优势等使他们有能力鉴别管理层的不当行为；另一方面，机构投资者往往具备与大股东抗衡的能力，从而在公司治理中发挥积极作用。但是，对于机构投资者的作用，并不能一概而论，机构投资者的行为也遵

照成本 – 收益原则，Shleifer 和 Vishny（1997：780）指出，监督管理层的股东将承担监督的全部成本，却只能按其所持有的股份获取监督收益，股东监督成本与收益的不对称很可能导致控股股东的利益侵占行为，使公司价值受损。

关于机构投资者作用的阐述，Pound（1988：252）有着十分深刻而全面的分析，他认为机构投资者发挥何种作用取决于多种因素，并在文中提出了三种假说。第一，有效监督假说（efficient monitoring hypothesis）：机构投资者可能凭借自身的专业素质，以较低的成本对公司管理层的行为进行监督，从而获得更高的监督收益。因此，机构投资者的持股行为将有效缓解小股东的搭便车行为，保护中小投资者利益，从而提升公司价值。第二，利益冲突假说（conflict – of – interest hypothesis）：机构投资者可能与持股公司存在其他业务往来或潜在的商业联系，导致机构投资者缺乏独立性，即使对管理者行为不满也不愿或不敢投反对票予以制止。第三，战略联盟假说（strategic – alignment hypothesis）：如果机构投资者和上市公司管理层之间有互惠互利的关系，则他们很可能相互勾结，从而不能有效监督管理层的行为。后两种假说均表明，机构投资者不一定能起到保护中小投资者利益的作用，因而对公司价值的提升存在负面效应。

鉴于在公司所有权结构中的地位，无论发挥的是何种作用，机构投资者都必然会影响上市公司治理，并对上市公司的各项经营决策产生一定的影响。投资决策是企业最为重要的经营决策之一，也是各种代理问题的焦点。有研究发现，机构投资者所有权与上市公司多元化战略、投资支出水平、资本结构等多方面的企业战略和经营决策存在显著的相关关系。Bushee（1998：331）根据机构投资者持股特征等将机构投资者分成三类——专注型、准指数型和短暂型，其结论表明，专注型和准指数型机构投资者促进了企业的研发费用支出，较好地减少了公司管理层的短视行为。Wahal 和 McConnell（2000：321）实证研究发现机构投资者对企业的研发费用和资本支出都发挥着显著的促进作用。

二　投资理念

机构投资者的投资理念不同，对上市公司治理包括投资决策等产生的影响也不同。机构投资者基于自身受托责任的考虑，很可能存在重视短期收益的现象，他们会根据公司的盈利状况作为决策的标准，卖出盈利下降公司的股票，客观上对公司管理层形成压力，从而更倾向于进行盈余管理，在投资方面迎合外部投资者，如调整研发费用（R&D）投入，或进行赢利能力高、实现速度快的投资等，加剧了公司管理层的短视投资行为。Wahal 和 McConnell（2000：321）研究发现机构投资者持股比例和公司 R&D 的投入量成正比；Bange 和 De Bondt（1997：21）发现机构投资者持股比例与公司 R&D 未预期的变化负相关。

反之，当机构投资者认识到积极性的投资很难获得超过市场的收益率，长期持有增长型股票的收益比频繁买卖股票更高时，机构投资者将奉行长期投资理念，出于自身利益的考虑，机构投资者将关注上市公司的长期业绩，积极参与公司治理，对上市公司的经营、投资决策产生影响。

这些结论的不一致可能是由于机构投资者本身的异质性。Bushee（1998：331）在前人研究的基础上，根据机构投资者的投资风格进行细分，较为细致地研究了机构投资者持股对于公司短视投资的作用。Bushee的研究表明，当进行短期投资的机构投资者所拥有的持股比例较高时，公司管理者极有可能通过削减 R&D 以提升企业利润；反之，当机构投资者做长线投资时，公司管理者采取这种行为的可能性不大。

三　股价信息

机构投资者是资本市场的主要力量之一，在定价效率、资源配置效率方面发挥着不可替代的作用（向海燕、王平心，2009：72）。相对于个人投资者而言，机构投资者拥有信息优势，他们一般由经验丰富、受过专业训练的专家管理，在公开信息方面，机构投资者拥有比普通投资者更强的信息搜集能力，同时，机构投资者能接近公司管理层，获取无法公开的私有信息。同时，机构投资者具有很强的信息分析、处理能力，能够较为准确地判断股票的内涵价值及理性价格，发现价值并实现套利。如果机构投资者是理性套利人，在股票价格低于理性价格的情形下，他们会买入，反之，他们会抛售股票，这样的套利交易一方面使机构投资者获取超额回报，另一方面修正了股价噪音，促进了股价向内涵价值的回归。Jiambalvo

等（2002：125）研究发现：机构投资者比个人投资者更善于运用当前信息预测企业未来盈利；随着机构投资者持股比例的增加，公司股价更能反映其内涵价值。毕子男（2007：105）对中国资本市场的实证研究也证明中国机构投资者具有价格发现功能。

　　而股票价格与公司投资决策之间又有着密切联系。Morck，Shleifer 和 Vishny 是较早研究股票价格和公司投资决策之间关系的学者，他们提出四个理论：理论一——股市只是对企业未来活动的被动预报，投资者情绪不会影响公司的投资决策；理论二——管理层将股票市场作为其投资决策的信息来源；理论三（股权融资渠道假说）——市场对公司的定价决定了公司的权益成本，越被高估的公司其权益成本越低，因此管理者在股价高估时发行股权，并以股权发行中获得的收益进行过度投资；理论四（迎合渠道假说）——在信息不对称的情况下，股东很难判断公司业绩与管理者的努力之间的关系，而会将业绩下滑归咎于管理层，管理层出于自身职业和生计的考虑，会屈从于市场压力，很可能遵照投资者的意愿而非真实的公司状况来做出投资决策（MSV，1990）。

第五章　机构投资者持股与公司投资：持股偏好分析

信息会使不确定性减少或消除（王雨田，1988：53），是可能影响使用者决策的证据，及时、充分、客观的信息，是经济决策的基础。然而，现实生活中，信息不对称普遍存在，因此，信息的搜集与甄别能力在很大程度上决定着经济决策的效益。无论从考察机构投资者本身的角度出发，还是从考察机构投资者在公司治理中作用的角度出发，都应以机构投资者是否具备信息优势为研究基础。机构投资者是否能收集有效信息，做出正确的分析、判断，并利用这种信息优势获取投资收益呢？对于公司创造价值而言，投资决策在公司的财务管理活动中极为重要，是公司价值增长的主要动因和未来现金流量增长的重要基础。上市公司投资支出方面的信息是否会影响机构投资者的持股偏好呢？本章从考察机构投资者是否具有信息优势的角度出发，检验了上市公司包括投资支出的公司特征信息、市场表现信息、公司治理信息是否及如何影响机构投资者的持股偏好。

第一节　理论分析与假说发展

与资本市场投资者一样，机构投资者也是追求自身利益最大化的理性主体，在进行投资前，机构投资者理当根据一定的指标信息选择有价值的投资对象。众多的研究表明，机构投资者投资时参考的指标，不仅包括公司财务状况、行业发展态势等公司特征信息及历史股价、成交量等市场表现信息，还包括上市公司的信息披露、治理结构等公司治理信息。

相对于个人投资者，机构投资者在信息解读和收集方面表现出明显的优势。Walther（1997：181）和 Bartov 等（2000：51）研究证明，机构投资者是相对比较成熟的投资者（sophistication investors），在信息的收集与解读方面具有更大的优势。

一　公司特征与机构投资者持股偏好

机构投资者是一种特殊的金融机构，将小投资者的储蓄集中在一起管理，代表他们的利益，在可接受的风险范围和规定的时间内，追求投资收益的最大化。因此，机构投资者在受人之托进行投资时，受到相关的法律法规约束并承担受托责任，为委托人谋求最大收益。为达到这一目标，机构投资者在投资时必然审慎分析被投资公司的特征信息，依赖公司基本面信息在其投资决策中的作用，在选择投资对象时主要通过对上市公司的公司层面信息的分析做出投资判断（李锐，2009：21）。Badrinath 等（1989：615）最早提出机构投资者的"审慎人"假说，认为机构投资者在普通法等法律法规的约束下，承担受托责任，理应"审慎"行事；通过研究 1985 年美国机构投资者的持股数据，他们发现机构投资者遵循这一审慎原则，偏好持有规模较大、超额回报高、β 值大、流动性强、获得 S&P 高评级、上市时间长的股票，避免持有收益率波动性高的股票。这些研究表明，机构投资者的持股比例与公司的所有权程度、公司的特征（如规模、流动性、年龄、股票排名、股票的历史表现）正相关。

上市公司特征信息较多，能相对全面地反映企业经营状况、发展前景的特征指标，应当也是机构投资者所关注的对象。根据前人的研究结论和我国的制度背景，笔者认为，与投资决策密切相关的几个重点指标具体包括以下五点。

1. 成长性

成长性较好的企业，未来增长空间大，投资回报高，具有较好的投资前景。机构投资者的资金规模庞大，"用脚投票"的成本更高，一般情况下，机构投资者更多地秉持"购买并持有"策略，进行长期战略投资，追求长远的利益。肖星、王琨（2005：79）的实证研究表明，中国的基金整体上投机性不强，是以投资目的为主导的。出于长期投资的目的，机构投资者在投资时更加关注上市公司的长期发展潜力。因此，机构投资者在选股时会更关注公司的长期发展潜力，以及决定这种长期发展潜力的公司投资状况。投资决策是公司最重要的财务决策之一，它是公司未来现金流量增长的重要基础，也是公司价值创造的主要源泉。投资支出是企业未来长期价值实现的基础，注重长期战略投资的机构投资者，对投资支出的信息必然十分关注，并会根据企业的投资支出信息做出持股选择。若企业的资本支出较高，表明公司把握了投资机会，具有扩大规模、持续发展的可能性；因此，投资支出率、托宾Q值和营业收入增长率都反映了企业未来的成长性。

2. 赢利能力

赢利能力是企业可持续发展的基础，公司的盈利状况必然是机构投资者关注的焦点。追求最大的投资回报，既是机构投资者的受托目标，也是机构投资者自身利益的要求。根据机构投资者披露的投资政策和投资目标，他们一般倾向于投资赢利能力较高的公司。上市公司的盈利状况可以从盈利水平（以每股收益为代表）、盈利质量（以内部现金流为代表）、重点监管的盈利指标（以净资产收益率为代表）等方面进行综合评价。

3. 股利政策

根据股利相关理论，股利政策往往是公司管理层传递公司运营状况、未来赢利能力的一种信号，股利的变化一般与公司未来盈利变化正相关。Bhattacharya（1979：265）指出，当掌握了更多公司内部信息的管理层认为公司拥有能对公司未来现金流产生积极影响的投资机会时，他们会以分配股利的方式，向市场传递这些内部信息，以区别于其他公司。可见，发放现金股利能向外界传递积极信号。同时，发放股利可以缓解代理问题，提升企业的公司治理水平。唐雪松、周晓苏、马如静（2007：44）指出，企业发放股利的行为减少了内部可支配现金流，缓解了代理问题。

4. 公司规模

尽管机构投资者具有信息优势，但外部投资者仍然与上市公司的内部人之间存在信息的不对称，因此，机构投资者在选择信息披露质量较高的上市公司的同时，也会较关注上市公司本身的规模，做出投资决策时往往比较看重公司的规模效应，并且，由于规模较大的公司受到各方关注的力度较大，其信息的可得性较规模较小的公司而言更高。Gompers 和 Metrick

（2001：255）表明大机构偏爱历史回报率低、规模大的流动股，Pinnuck（2004：115）通过对澳大利亚市场数据的分析，发现规模大、波动性低和流动性高的股票更容易吸引机构投资者持股，汪光成（2001：139）的研究结果表明，基金选股持股时会关注公司规模、每股收益等，李辰颖、田治威、杨海燕（2014：155）基于遗传神经网络对机构投资者的持股偏好进行分析，发现独立机构投资者偏好规模大、赢利能力强且风险小的上市公司股票，因其具有追求盈利且规避风险的特性。

5. 财务风险

财务风险是指公司全部资本中债务资本比率的变化带来的风险。当资产负债率较高时，上市公司的债务成本较高，而较高负债可能带来收益变动风险，企业承受的到期还本付息的风险也较大，并且，高的财务杠杆与高的财务困境可能性正相关，破产的可能性也增加，从而加大财务风险；反之，当债务资本比例较低时，财务风险较小。作为理性的投资人，机构投资者在投资决策时可能会选择财务风险较低的公司。Badrinath 等（1989：615）表明机构投资者的持投比例与股票的总风险负相关。

基于上述分析及研究目的，本书提出如下假说：

假说5-1a：在其他条件相同的情况下，机构投资者更偏好投资支出较高的上市公司，即公司投资支出越高，机构投资者持股比例越高。

假说5-2a：在其他条件相同的情况下，我国上市公司的特征信息对机构投资者持股具有一定的解释力。

投资者的投资目标决定了其持股行为，机构投资者是由证券投资基金、券商、QFII、保险公司、社保基金、信托公司等组成的集合体，鉴于投资环境和投资契约限定等多方面的因素，不同类别的机构投资者在投资目的和投资行为等方面存在很大的差异。研究表明，不同类型的机构投资者具有不同的投资风格，持股规模、持股时间、监督成本、投资策略及与被投资公司是否有商业关系等均影响着机构投资者参与公司治理的动机与能力（殷红春和曹玉贵，2006：58）。Bushee 和 Noe（2000：190）发现，短暂型和准指数型机构投资者会增持披露质量高的公司，而专注型机构投资者对信息披露质量水平的高低或改变都不敏感。如果仅将机构投资者作为一个研究整体来看待的话，将会掩盖机构类型之间的异质性，也就可能得出不同的研究结论（Bushee，1998：331）。

在我国机构投资者中，基金是最大的主体，其投资实力强，投资总额较大，相对于其他类别的机构投资者而言，证券投资基金从整体上更能发挥积极监督作用，也能更好地制衡控股股东的利益侵占行为。首先，基金的持股市值在流通股总市值中的比重不断提高，无法便利地"用脚投票"，因此，具有通过持股干预上市公司不利决策以提升自身投资收益的意愿。其次，基金自身拥有信息搜集、投资人才、专业知识等方面的优势，具有监督上市公司投资决策的能力。再次，基金与被投资公司基本不存在商业关系，属于压力抵制型投资者，不易受其他外界压力影响。对于这一点，Brickley 等（1988：286）进行了较为详尽的分析，他们依据机构投资者与持股公司是否存在商业关系，将机构投资者分为了压力敏感型和压力抵制型两类，前者以银行、保险公司和其他机构为代表，其与持股公司存在或潜在地存在商业关系；后者以证券投资基金和独立投资顾问为代表，其与持股公司一般不存在商业关系。最后，基金也有较高的期望收益，基金内部的激励机制和行业竞争等，使证券投资基金不得不积极监督被投资公司的投资行为和业绩表现，以免面临基金投资人赎回的境况。Ferreira 和 Matos（2008：525）发现，虽然独立机构和灰色机构都偏好规模较大和具有较好公司治理机制的公司，但两者对于公司流动性的偏好存在显著差异。

基于此，本书提出如下假说：

假说 5 - 1b：相对于非基金持股，基金持股比例与投资支出的正相关更显著，即公司投资支出越高，基金持股比例越高。

假说 5 - 2b：相对于非基金持股，我国上市公司的特征信息对基金持股具有更显著的解释力。

二　市场表现与机构投资者持股偏好

公司特征信息是上市公司自身运营状况的全面体现，但上市公司股票的市场表现还取决于市场状况，投资者对上市公司股票的选择除了考虑其运营状况，还要考虑股票的市场表现，因此，上市公司股票的市场表现也是投资者们重点关注的因素。机构投资者作为理性的投资者，在进行投资决策行为时还会综合考虑公司在市场上的表现，已有的研究文献对此也有较为丰富的研究。

1. 公司上市年限

国外的研究结果表明，一般情况下，上市公司上市年限越长，投资者对该公司的认可度越高（Del Guercio，1996：55；Bushee，2001：235）；上市年限越长，市场对公司的了解程度越深，可供投资者们分析利用的资料也越多，投资者与内部人之间的信息不对称程度可能越低（Falken-stein，1996：126），上市公司越易得到投资者的青睐。但我国学者的研究结论认为，机构投资者更倾向于成立时间不长的公司（汪光成，2001：139），究其原因，我国资本市场处于不断发展和完善之中，越早上市的公司其运营规范性、公司治理机制的完备性可能越低。随着市场监管力度的加强、规范性的提升，上市年限越短的企业运作更加规范，质量更好，因此，机构投资者更偏好持有上市年限相对较短公司的股票。

2. 公司的风险与成长机会

根据 CAPM 理论，β 系数反映了投资组合相对于整个股市的价格波动情况，公司的 β 值越高，其市场风险越大，根据风险与回报成正比的原则，也意味着公司股票的回报越高。因此，β 值势必成为机构投资者持股决策中考虑的因素，当机构投资者意欲规避风险时，势必会更多地持有风险水平较低的公司的股票，当机构投资者意欲获取较高收益时，势必偏好系统性风险较高的公司。上市公司的市盈率 PE、市净率 PB 反映了公司每股市价与每股净收益、每股净资产的差距，比率值越高，表明股价越高，公司成长性越好，未来增长的机会越大。翟伟丽、何基报、周晖、才静涵（2010：56）根据深交所的数据研究表明，机构投资者比个人投资者更倾向于持有大盘股、绩优股和低市盈率股。PB 值越高预示着未来的股价越高，未来收益可能越高。但 PB 值较低，即当前的股价较低，可能源于市场低估，这类公司反而可能具有更高的投资价值。因此，β 值和 PE、PB 指标与机构投资者持股比例之间的关系存在不确定性。

3. 股票的交易成本

股票的交易成本一般以流动性来衡量。公司股票的流动性越高代表其交易成本越低。Eakins 等（1998：104）分析发现机构投资者偏好持有流动率高、换手率高的股票。Pinnuck（2004：112）在澳大利亚资本市场上发现机构投资者偏好持有波动性低和流动性高的证券。本书选择换手率（turnover）作为流动性的度量指标，同时还选择了股票交易量、流通股比例、流通股股数等指标。

4. 股票的市场回报率

股票的内在价值是公司所有未来预期现金流入的现值，市场投资者对企业未来的预期通过股价来体现，上市公司市场回报率指标综合反映了投资者对上市公司质量的认可和接受程度，该值越高，表明该上市公司被投资者接受和认可的程度越高，其股票也越容易被机构投资者所持有。

基于上述分析，本书提出如下假说：

假说 5 - 3a：我国上市公司的市场表现信息对机构投资者持股比例具有一定的解释能力。

假说 5 - 3b：相对于非基金持股，基金持股比例对上市公司的市场表现信息更敏感。

三　公司治理与机构投资者持股偏好

公司治理是对一个企业的经营管理和绩效进行监督和控制的一整套制度安排和设计，企业以此来确保利益相关者都能获得合理的收益。机构投资者参与上市公司的经营战略决策，监督管理层和大股东的掏空行为，以及投票罢免不称职的董事会成员等积极的治理活动，需要支付高昂的成本，并且，我国机构投资者的持股比例虽然在不断上升，却仍无法与控股股东抗衡，这必然限制机构投资者在上市公司治理中积极作用的发挥，因此，在投资前关注公司治理水平较好的上市公司，可以通过公司的内部治理机制来替代机构投资者的治理机制，从而为其节约大量的支出，这是机构投资者明智的选择，也是积极参与上市公司治理的合理而可行的方式。已有文献表明，上市公司的治理状况是投资者进行股票选择决策时的重点考察指标。2000 年，McKinsey 对世界范围内超过 200 家机构投资者的调查显示，公司治理状况是机构投资者非常注重的因素，并且，当财务报告可靠性较低时，机构投资者愿意支付更高的溢价。McCahery、Saunter 和 Starks（2010：2910）通过对比机构投资者分别持有的美国与荷兰上市公司的股票，发现在投资者保护制度相对欠缺的情况下，机构投资者会更加关注上市公司自身治理机制效率的高低，从而扮演"积极治理者"的角色。江向才（2004：39）研究了 219 个机构投资者，认为机构投资者关注公司治理好和信息透明度高的公司。肖星和王琨（2005：76）采用 2000~2003 年的中国证券投资基金和上市公司数据，发现基金偏好投资治理结构优良的公司。谭松涛和傅勇（2009：113）从管理层激励角度出发，考察了股权分置改革过程中上市公司股权激励方案对机构投资者持股偏好的影响。他们发现，实施股权激励的上市公司获得了机构投资者更大幅度的增持，表明机构投资者更倾向于持有治理水平较高的公司的股票。

笔者认为，影响机构投资者持股选择的公司治理因素包括如下几个方面。

（一）会计信息质量

信息在市场资源配置中起着决定性的作用，然而，在现实市场中，信息的不对称、不充分，降低了市场资源的分配效率，增加了市场交易成本，而充分披露的信息能减轻信息不对称程度。上市公司若信息披露质量较高，则可以降低公司内部人和外部投资者之间的信息不对称程度，缓解代理问题。机构投资者在投资决策过程中，最为重要的就是对上市公司信息的分析。会计信息质量的高低决定着机构投资者持股选择的正确性。会计信息质量高，表明公司治理状况较好、经营规范，因此经营业绩相对较高，能为机构投资者带来较高的回报；高质量的会计信息有利于机构投资者更便利地了解上市公司，对其进行业绩评估，减少投资风险，降低监督成本，因此，机构投资者偏好会计信息质量高、透明度高的公司。Bushee 和 Noe（2000：191）从公司信息披露水平高低的角度研究机构投资者持股公司的特征，结果表明，公司披露水平排名越高，机构投资者持股比例越高。Healy（1999：145）的研究表明，机构投资者更侧重于购买持续披露信息的公司的股票。Kim 和 Verreccha（1994：61）指出，熟练投资者创造盈利的能力取决于他们对公共信息内涵的解读能力，即信息披露较好的公司能提高机构投资者产生盈利机会的概率。我国研究者们也发现了机构投资者对高会计信息质量公司的持股偏好。宋玉和李卓（2006：115）研究发现：上市公司的会计信息质量与机构投资者持股比例的相关性较强。唐松莲和胡奕明（2011：36）发现，在信息透明度评级较高的公司中，机构持股比例较高且持股机构数目较多，对机构投资者进行分类后，他们发现，短线机构投资者更偏好信息透明度评价较高的公司，而长线机构投资者则对信息透明度评级不敏感。王鸿、朱宏泉、涂瑞（2011：468）发现，机构投资者回避了那些盈余波动较大、盈余质量较差的公司的股票。

如前所述，机构投资者的资金规模庞大，退出成本过大，利用"购买并持有"策略进行长期投资更符合机构投资者自身利益，会计信息的质量会影响机构投资者长远利益的实现。现实中机构投资者偏好会计信息披露水平较高的上市公司，对存在虚假报告、利润操纵的企业则会采取"退避三舍"或"用脚投票"的方式。2011 年 8 月，上市公司紫鑫药业因涉嫌通过空买空卖人参大肆进行利润造假和操纵而被停牌，并被证监会调查，尽管当年前三季度净利润同比增长达到 153%，但机构投资者纷纷大幅减持，可见，机构投资者会抛弃有利润操纵行为的公司，偏好信息披露透明、财务信息真实完整的上市公司。

基于此，本书提出如下假说：

假说 5 – 4a：在其他条件相同的情况下，机构投资者更偏好会计信息质量高的上市公司，即会计信息质量越高，机构投资者持股比例越高。

如前所述，不同类别的机构投资者对企业相关信息的关注点有所不同，Bushee 和 Noe（2000：191）发现，短暂型和准指数型机构投资者会增持信息披露质量高的公司的股票，而专注型机构投资者对信息披露质量水平的高低或改变都不敏感。因此，研究关注机构投资者的异质性，可能得出不同的研究结论（Bushee，1998：331）。基于此，本书提出如下假说：

假说 5 – 4b：相对于非基金持股，基金持股比例与会计信息质量的正相关关系更显著，即上市公司会计信息质量越高，基金持股比例越高。

（二）股权集中度

股权结构对于改善公司治理效率、降低治理成本、提高公司长期经营绩效和市场价值具有十分重要的作用，科学合理的股权结构是提高公司治理水平的基础，能在一定程度上为上市公司做出正确的经营决策提供保障，股权结构通过经营激励、收购兼并、代理权争夺和监督机制等治理机制发挥作用，从而影响上市公司的经营绩效和市场价值（孙永祥和黄祖辉，1999：29）。股权集中度、股权制衡度等股权结构指标是影响上市公司治理水平的决定性因素。

然而，究竟怎样的股权结构是最为合理和科学的，理论界存在不同的声音。从股权集中度来看，有学者认为，高度集中的股权结构和控制股东的存在有利于企业的经营激励。Berle 和 Means（1932：53）认为，在股权分散的上市公司中，经理和股东之间存在潜在的利益冲突，从而使公司绩效无法达到最优。孙永祥和黄祖辉（1999：30）对股权结构与公司治理的关系进行了详细的理论分析，他们认为，分散的股权结构往往使股东利益和经营管理层利益不一致从而无法发挥治理机制的作用，而高度集中的股权结构和控股股东的存在，在代理权竞争机制和监督机制作用的发挥方面具有相对优势，有利于经营激励机制的发挥。徐莉萍、辛宇、陈工孟（2006：94）的研究发现，过高的股权制衡程度还会损害公司绩效，控股股东对上市公司的经营绩效更多体现的是利益趋同效应，而不是掏空效应。

另一些学者则认为，控制股东的存在可能会产生"掏空"现象，有一定的股权制衡度能更好地维护投资者利益。La Porta、Lopez - de - Silanes 和 Shleifer（1998：1113）把公司治理结构的焦点问题从所有者和经营者之间的代理冲突转向大股东与中小股东之间的代理冲突，他们通过比较研究世界范围内的公司股权结构认为，上市公司普遍存在占据控股地位的大股东和小股东共存的结构特征，而大股东往往通过控制权掏空上市公司资源，获得高额的私人收益，损害中小股东的利益，也不利于企业自身的成长和发展。朱德胜（2010：86）发现股权集中度与上市公司现金股利的发放水平和发放概率正相关，当存在制衡股东时，上市公司的代理成本会进一步降低，但股权结构发挥作用要受到控股股东性质的影响。

作为追求投资回报的理性投资人，机构投资者会选择股权分布结构科学有效的上市公司作为投资目标，因为合理的股权结构能够在一定程度上替代机构投资者的外部治理，为其节约代价高昂的监督治理成本，而且有利于提高上市公司的长期市场价值，从而为机构投资者提供长期的投资回报。

（三）董事会特征

良好科学的治理结构能够有效抑制大股东和管理层的"掏空"行为，降低代理成本，选择治理结构合理、治理水平优秀的上市公司作为投资目标，是机构投资者投资理性的体现。安排合理的董事会能提高决策的成功率，并能对管理层进行有效监督，不断改善经营绩效，提升公司的长期价值，最终给机构投资者带来合理的回报。独立董事在专业知识、独立性方面能发挥独特的作用，董事会规模、独立董事比例均是公司治理水平的体现，是机构投资者选股的重要参考指标。Useem 等（1993：179）对美国40 个养老基金和 40 个投资基金的调查研究表明，董事会的构成与独立性、董事的技能与经验等是机构投资者投资决策的重要参考因素。Chiu和 Monin（2003：128）发现，新西兰的基金经理特别重视上市公司的独立董事比例、CEO 职责、新董事选择等公司治理特征变量。Bushee、Carter 和 Gerakos（2010：15）从上市公司治理特征的角度分析了机构投资者的持股偏好，发现机构投资者关注上市公司的治理信息，并且具有异质性，长期和少量持股的机构投资者会倾向于投资具有优秀董事会特征的公司，大部分的机构投资者都会偏好具备保护股东权益治理特征的公司。肖星和王琨（2005：76）发现，中国证券投资基金注重公司外部董事的比例及董事会成员的专业技术水平。

基于上述分析，我们提出如下假说：

假说 5 - 5a：在其他条件相同的情况下，上市公司治理结构对机构投资者持股比例有一定的解释力。

假说 5 - 5b：相对于非基金持股，基金持股比例对上市公司的治理结构特征更敏感。

第二节　研究设计

一　样本选择和数据来源

本章的财务数据、股权结构数据、机构投资者持股数据等来自北京聚源锐思数据科技有限公司开发的锐思数据库，最终控制人数据来自上海万得信息技术股份有限公司开发的 WIND 数据库，股票交易数据来自香港理工大学与深圳国泰安信息技术有限公司联合开发的 CSMAR 数据系统。本章选定 2007～2014 年沪深交易所 A 股上市公司的数据作为研究对象，选择以 2007 年为起点是由于我国股权分置改革于 2006 年基本完成：首先，考虑到金融类上市公司的特殊性，样本中剔除了金融类公司；其次，剔除了发行 B 股或 H 股的上市公司；再次，剔除了 ST、＊ST 等非正常交易状态下的上市公司；最后，对连续变量在 1% 和 99% 分位数上进行 Winsorize 处理。最终选定样本公司：分析公司特征信息与机构投资者持股偏好选 7538 家，分析市场表现与机构投资者持股偏好选 11758 家，分析公司治理与机构投资者持股偏好选 11301 家。样本的年度分布相对比较均衡，年份之间差异不是太大，总体分布呈现出逐年递增的趋势，说明机构投资者在资本市场中的持股范围越来越广。

二　会计信息质量的衡量

会计信息质量的替代度量有很多种，魏明海（2005：29）从盈余质量、价值相关性、及时性、可比性、披露质量和透明度六个方面回顾了会计信息质量的经验研究。Ecker 等（2006：771）指出，任何单一指标似乎都不可能在所有研究中都是最优的，但没有任何指标能像盈余那样吸引投资者的注意力。会计信息的首要任务就是强调盈余的质量水平。

Sloan（1996：292）研究发现，应计利润的持久性低于现金流，表明高应计利润公司的盈余质量较低。还有许多学者认为，管理层有操控应计利润的行为（Healy and Wahlen，1999：375；Dechow 等，1996：30）。

鉴于本书的研究目的，我们选择了操纵性应计作为会计信息质量的替代指标，这一指标对于公司投资支出有着很好的指示作用，操纵性应计越低，表明会计信息质量越高，外部投资者和公司管理层之间的信息不对称程度越低。我们运用 Jones（1991：193）截面模型进行分行业分年度回归计算的平均累积操纵性应计利润来衡量上市公司的会计信息质量，即为：

$$TACC_{i,t}/Asset_{i,t-1} = \beta_1/Asset_{i,t-1} + \beta_2（\Delta REV_{i,t} - \Delta REC_{i,t}）/Asset_{i,t-1} +$$
$$\beta_3 PPE_{i,t}/Asset_{i,t-1} + \varepsilon_{i,t} \qquad (5-1)$$

其中：

$TACC_{i,t}$ 表示公司 i 第 t 年总应计利润，通常定义为线下项目前利润与经营净现金流量之差；

$Asset_{i,t-1}$ 表示公司 i 第 t 年初总资产；

$\Delta REV_{i,t}$ 表示公司 i 第 $t-1$ 年与第 t 年的销售收入变化；

$\Delta REC_{i,t}$ 表示公司 i 第 $t-1$ 年与第 t 年的应收账款变化；

$PPE_{i,t}$ 表示公司 i 第 t 年固定资产原值；

$\varepsilon_{i,t}$ 是公司 i 第 t 年 Jones 模型的回归残差，代表各公司总应计利润中的操纵性应计利润部分。

考虑到我国上市公司时间序列数据有限和证券市场的有效性，我们将公司 i 第 t 年的会计信息质量（$AC_{i,t}$）定义为第 $t-4$ 年至第 t 年间模型（5-1）分年度分行业线性回归残差平均值的绝对值。

三　模型设计与变量说明

为了验证假说 5-1 和 5-2 是否成立，本章分别以机构投资者、基金和非基金持股比例（INS）为被解释变量，以上市公司投资支出及其他公司特征信息指标（COM）为解释变量，同时加入相应的控制变量（行业 IND 和年份 YEAR），建立回归方程式（5-2）进行实证检验。如果相关关系存在，说明机构投资者偏好更注重长期投资的上市公司，具有一定的信息优势，假说 5-1、5-2 成立。

$$INS_t = \beta_0 + \beta_1 COM_{t-1} + \sum IND + \sum YEAR + \varepsilon \qquad (5-2)$$

为了验证假说 5 - 3 是否成立，以机构投资者、基金和非基金持股比例为被解释变量，以上市公司市场表现指标（MKT）为解释变量，同时加入相应的控制变量，建立回归方程式（5 - 3）进行实证检验。如果相关关系存在，说明上市公司的市场表现对机构投资者持股有一定的解释力，假说 5 - 3 成立。

$$INS_t = \beta_0 + \beta_1 MKT_{t-1} + \sum IND + \sum YEAR + \varepsilon \qquad (5-3)$$

为了验证假说 5 - 4、5 - 5 是否成立，以机构投资者、基金和非基金持股比例为被解释变量，以上市公司会计信息质量及其他公司治理指标（CG）为解释变量，同时加入相应的控制变量，建立回归方程式（5 - 4）进行实证检验。如果相关关系存在，说明机构投资者偏好会计信息质量高、公司治理水平高的上市公司，假说 5 - 4、5 - 5 成立。

$$INS_t = \beta_0 + \beta_1 CG_{t-1} + \sum IND + \sum YEAR + \varepsilon \qquad (5-4)$$

为了部分消除内生性，模型中的解释变量均采用滞后一期。

上述模型中的变量定义如下。

1. 被解释变量（INS）

机构投资者持股比例（INST）：以机构投资者持股占该公司流通股的比例来计量。这一指标在很大程度上反映着机构投资者对持股公司的偏好，机构投资者是理性经济人，其持股比例越大，表明对持股公司的未来价值越有信心。

基金持股（FD）：以基金持股数占该公司流通股的比例来计量。

非基金持股（NFD）：以非基金持股数占该公司流通股的比例来计量。

2. 解释变量

（1）公司特征（COM）

公司的成长性指标：投资支出率（IVN）、托宾 Q（TQ）和收入增长率（GROW）。Bushee（2001：215）认为成长性较好的公司会带来比较高比例的机构投资者持股。本章参照唐松莲等（2015：26）、李争光等（2015：110）的研究，以"固定资产、在建工程、无形资产、长期股权投资的变化量/平均总资产"作为投资支出率的替代变量。

赢利能力指标：每股收益（*EPS*）、净资产收益率（*ROE*）、内部现金流（*CF*）。

股利政策指标：以每股现金股利（*DIVI*）为替代变量。

公司规模指标：公司总资产的对数（*SIZE*）。

财务风险指标：资产负债率（*LEV*）。

（2）市场表现（*MKT*）

公司上市年限指标：上市公司已上市年限（*AGE*）。

公司风险与成长机会指标：公司市场风险（*BETA*）、市盈率（*PE*）、市净率（*PB*）、账面市值比率（*BP*）。一般来说，机构投资者对信息的解读能力比较强，可以接受比较高的公司风险（Badrinath，Gay and Kale，1989：616）。

股票交易成本指标：换手率（*TUOV*）、股票交易量（*TVOL*）、流通股比例（*SHARE*）和流通股股数（*CIR*）。Falkenstein（1996：125）认为流动性较好的股票，较受机构投资者青睐。

股票的市场回报率指标：股票的年收益率（*RET*）。

（3）公司治理（*CG*）

会计信息质量（*AC*）：以操纵性应计作为会计信息质量的替代指标，具体计算方法前已述及。

股权集中度（*FIRST*）：第一大股东持股比例。

董事会特征指标：包括董事会规模（*BSIZE*）、独立董事比例（*INDD*）。其他变量的定义详见表5-1。

3. 控制变量

选择行业哑变量 *IND* 以控制行业效应，以2001年4月中国证监会发布的《上市公司行业分类指引》为标准，将所有的样本公司分为了22个行业（剔除了金融类上市公司），除制造业按亚类进行分类外，其他行业都为大类，其中制造业细分为10类，共21个哑变量；选择年度哑变量 *YEAR* 以控制年度变化的影响。

模型中各变量的含义见表5-1。

表 5 - 1　变量定义

名　　称	符　号	定　　义
被解释变量：		
机构持股比例	INST	机构投资者持股占该公司流通股的比例
基金持股	FD	基金持股占该公司流通股的比例
非基金持股	NFD	非基金持股占该公司流通股的比例
解释变量：		
公司特征：	COM	
投资支出率	INV	公司投资支出率
托宾 Q	TQ	公司的托宾 Q 值
成长机会	GROW	营业收入增长率
每股收益	EPS	净利润/股数
净资产收益率	ROE	净利润/净资产
内部现金流	CF	经营活动现金净流量/总资产
现金股利	DIVI	每股现金股利
公司规模	SIZE	总资产取自然对数
资产负债率	LEV	公司总负债/总资产
市场表现：	MKT	
上市年限	AGE	公司的上市年限
公司市场风险	BETA	总市值加权的风险因子
市盈率	PE	每股市价/每股盈利
市净率	PB	每股市价/每股净资产
账面市值比	BP	账面市值比
换手率	TUOV	总股数年换手率
股票交易量	TVOL	个股年成交量/流通股股数
流通股股数	CIR	流通股数的对数
流通股比例	SHARE	流通股数/总股数
年收益率	RET	股票年收益率
公司治理：	CG	
会计信息质量	AC	模型（5-1）分年度分行业线性回归残差平均值的绝对值
股权集中度	FIRST	第一大股东持股比例
董事会规模	BSIZE	董事会人数
独立董事比例	INDD	独立董事占比
行业	IND	行业虚拟变量
年度	YEAR	年度虚拟变量

第三节　实证结果

一　描述性统计

表 5-2 是模型中主要变量的描述性统计结果。从表中可以发现，我国机构投资者在 2007 到 2014 年得到持续发展，持股比例不断升高，单家上市公司合计最高持股比例达到 78%，从总体来看，专业机构投资者持股比例达 16%，尽管与发达国家如美国机构投资者持股权重在 2007 年年底 76.4% 的比例相较，我国机构投资者的持股比例明显偏低，但不可否认的是，机构投资者已成为中国资本市场上的一支重要力量；从基金（FD）、非基金（NFD）的数据可以看出，基金目前仍然是机构投资者的主力，持股比例均值达到 3%，最高达 31%，在各类机构投资者中处于绝对领导地位。持股规模的加大在一定程度上影响着甚至决定着机构投资者参与上市公司治理的意愿与能力，因此，机构投资者在监督上市公司的积极作用发挥方面仍受到一定程度的限制，但可以期待的是，机构投资者的未来发展，必将更为深刻地影响资本市场的方方面面。

表 5-2　变量的描述性统计

变　量	观测数	均　值	标准差	最小值	中位数	最大值
INST	21015	0.160	0.190	0	0.0900	0.780
2007 年	1764	0.270	0.220	0	0.2300	0.780
2008 年	1990	0.170	0.200	0	0.0800	0.780
2009 年	2336	0.130	0.170	0	0.0500	0.780
2010 年	2601	0.130	0.170	0	0.0700	0.780
2011 年	2685	0.150	0.180	0	0.0900	0.780
2012 年	3468	0.150	0.190	0	0.0700	0.780
2013 年	3511	0.150	0.190	0	0.0700	0.780
2014 年	2660	0.180	0.190	0	0.1100	0.780
FD	21015	0.0300	0.0600	0	0	0.310
NFD	21015	0.130	0.180	0	0.0400	0.750

续表

变 量	观测数	均 值	标准差	最小值	中位数	最大值
INV	17810	0.0600	0.100	−0.200	0.0400	0.480
TQ	17566	2.030	1.810	0.160	1.520	10.71
GROW	28320	0.260	0.600	−0.690	0.150	4.100
EPS	31577	0.370	0.470	−1	0.280	2.230
ROE	31630	10.78	17.16	−83.12	9.640	58.40
CF	32261	0.0500	0.120	−0.360	0.0500	0.400
DIVI	12407	0.160	0.150	0.0100	0.100	0.820
SIZE	32340	20.34	2.080	15.58	20.59	25.15
LEV	32250	49.09	32.69	4.540	47.19	285.7
AGE	33925	5.530	5.860	0	3	24
PE	15615	59.52	113.7	−343.9	37.15	700.6
PB	17710	4.280	4.130	0.860	3.090	28.51
BP	17566	0.980	0.980	0.0900	0.660	6.070
BETA	18637	1.030	0.250	0.310	1.040	1.650
TUOV	17957	298.3	229.5	16.46	228.8	1025
TVOL	18027	3.490	2.350	0.350	2.910	12.23
CIR	19694	19.51	1.350	15.11	19.56	22.87
SHARE	19694	0.940	0.180	0.0900	1	1
RET	16745	0.400	0.870	−0.720	0.170	3.410
AC	15745	0.0500	0.0500	0	0.0400	0.310
FIRST	22790	0.400	0.150	0.160	0.390	0.750
BSIZE	26515	10.21	4.320	2	10	23
INDD	21421	35.59	9.870	12.50	33.33	66.67

机构投资者持股的上市公司的公司特征指标中：从投资支出（*INV*）来看，上市公司的投资支出率较低的占多数，各公司投资支出率有较大差异；托宾 Q（*TQ*）均值为 2.03，中位数为 1.52；成长机会（*GROW*）均值为 0.26，中位数为 0.15，说明大部分公司的营业收入增长率较高，最小值 −0.69，最大值则达到 4.1，企业间差异较大；每股收益（*EPS*）均值为 0.37；净资产收益率（*ROE*）均值为 10.78，标准差为 17.16，表明公司间差异较大；内部现金流（*CF*）均值为 0.05；现金股利（*DIVI*）均值为 0.16；公司规模（*SIZE*）均值为 20.34；资产负债率（*LEV*）均值为

49.09%，说明整体水平较稳健。

机构投资者持股的上市公司的市场表现指标中：上市年限（AGE）平均值为5.53；公司市场风险（BETA）均值为1.03；市盈率（PE）均值为59.52，标准差为113.7，说明公司间的市盈率水平差异较大；市净率（PB）均值为4.28；账面市值比（BP）均值为0.98；换手率（TUOV）均值为298.3，股票交易量（TVOL）均值为3.49；流通股股数（CIR）均值为19.51；流通股比例（SHARE）均值为0.94，年收益率（RET）均值为0.4。

机构投资者持股的上市公司的公司治理指标中：会计信息质量（AC）的均值高于中位数，表明大部分上市公司会计盈余质量较高；股权集中度（FIRST）达到0.4，第一大股东持股规模较大；董事会规模（BSIZE）均值为10.21；独立董事比例（INDD）达35.59%，符合国家对于独立董事比例的相关规定。

二　相关性分析

表5-3是模型中主要变量的相关系数分析，从表中可以看出，除了资产负债率（LEV）、会计信息质量（AC）外，机构投资者持股与各变量之间的相关系数均显著异于零，说明本章的模型设定合理。投资支出率与机构总体持股和基金持股均显著正相关，与非基金持股虽为正相关但不显著，与假说5-1的预期一致；会计信息质量与被解释变量均为负相关，但仅基金持股的相关系数显著，与假说5-4的预期基本一致。除少数变量之间的相关系数超过0.4，各个自变量之间的相关系数也不高，多重共线性问题不明显。个别变量之间系数稍高，但并未出现在同一模型内，且均为控制变量，问题并不严重。但各变量之间的关系，还需在多元回归分析中加以验证。

三　多元回归结果分析

（一）公司特征与机构投资者持股比例的回归分析

表5-4是模型（5-2）的回归结果，包含上市公司投资支出率及其他公司特征信息变量与机构投资者持股比例的线性关系检验结果，样本量为7538。由表5-4可以发现，2007～2014年的整体回归结果显示，

表 5 - 3　变量的皮尔逊相关系数（1）

	INST	FD	NFD	INV	TQ	GROW	EPS	ROE	CF	DIVI	SIZE	LEV	AGE
INST	1												
FD	0.296***	1											
NFD	0.936***	-0.0537***	1										
INV	0.0434**	0.0691**	0.0196	1									
TQ	0.0311**	0.147***	-0.0277**	0.0344***	1								
GROW	0.0167	0.0487**	-0.000600	0.275***	0.118***	1							
EPS	0.0519***	0.240***	-0.0321**	0.160***	0.128***	0.119***	1						
ROE	-0.0280***	0.0779***	-0.0584***	0.157***	0.135***	0.188***	0.676***	1					
CF	0.0247**	0.0882***	-0.00770	0.102***	0.101***	0.0176	0.279***	0.323***	1				
DIVI	0.0569***	0.163***	-0.0105	0.0231*	0.216***	0.0553**	0.666***	0.425***	0.268***	1			
SIZE	0.213***	0.285***	0.122***	-0.0238**	-0.491***	-0.111***	0.121***	-0.0812***	0.0626***	0.0192*	1		
LEV	0.00900	-0.0711***	0.0340***	-0.0774***	-0.173***	0.00830	-0.196***	-0.0664***	-0.102***	-0.199***	0.0511***	1	
AGE	0.112***	0.0974***	0.0815***	-0.219***	-0.120***	-0.0881***	-0.165***	-0.204***	-0.0395***	-0.144***	0.538***	0.253***	1
PE	-0.0201*	-0.0546***	0.00150	-0.0184*	0.182***	-0.00420	-0.181***	-0.175***	-0.0507***	-0.132***	-0.155***	-0.0242**	0.0306***
PB	0.0361**	0.0765***	0.00500	-0.0219**	0.679***	0.117***	-0.0628***	-0.0830***	0.0137	0.126***	-0.327***	0.165***	0.0984***
BP	-0.0144*	-0.106***	0.0282**	-0.0294***	-0.556***	-0.0615***	-0.142***	-0.127***	-0.0889***	-0.172***	0.566***	0.366***	0.181***
BETA	-0.118***	-0.0939***	-0.0815***	0.0632***	-0.164***	-0.0395***	-0.0183*	-0.0190*	-0.0553***	-0.141***	0.0802***	-0.167***	-0.122***
TUOV	-0.159***	-0.0761***	-0.134***	-0.0753***	0.0671***	-0.00980	-0.199***	-0.0917***	-0.00820	-0.178***	-0.236***	0.0779***	0.0870***
TVOL	-0.144***	-0.106***	-0.106***	-0.132***	0.105***	-0.0510***	-0.263***	-0.144***	-0.0297***	-0.237***	-0.261***	0.0864***	0.148***
CIR	0.0282***	0.107***	-0.0118	-0.00970	-0.304***	-0.0312***	0.0301***	0.00420	0.0693***	-0.0634***	0.863***	0.0556***	0.387***
SHARE	-0.0348***	0.118***	-0.0818***	0.0431***	-0.0696***	0.00180	0.0903***	-0.0261***	0.0374***	-0.00990	0.557***	-0.190***	0.179***

续表

	INST	FD	NFD	INV	TQ	GROW	EPS	ROE	CF	DIVI	SIZE	LEV	AGE
RET	0.0661***	0.130***	0.0134	-0.0127	0.319***	0.0869***	0.0612***	0.0950***	0.0922***	0.0223**	-0.0652***	0.0562***	-0.0159***
AC	-0.0117	-0.0156*	-0.00530	-0.0247**	0.137***	0.110***	0.0216**	0.0371***	-0.0946***	0.0453***	-0.147***	0.267***	0.021***7
FIRST	-0.0578***	-0.113***	-0.0184*	0.0813***	-0.0818***	0.0379***	0.142***	0.175***	0.0755***	0.125***	-0.0835***	-0.0391***	-0.235***
BSIZE	0.0963***	0.0639***	0.0759***	-0.0921***	-0.103***	-0.0442***	-0.0880***	-0.154***	-0.0295***	-0.0637***	0.514***	0.178***	0.546***
INDD	-0.0414***	-0.00680	-0.0401***	0.0183*	0.0343***	-0.00500	0.0505***	0.0274***	0.0162**	-0.00660	0	-0.117***	-0.181***

表 5 - 3　变量的皮尔逊相关系数 (2)

	PE	PB	BP	BETA	TUOV	TVOL	CIR	SHARE	RET	AC	FIRST	BSIZE	INDD
PE	1												
PB	0.187***	1											
BP	-0.135***	-0.363***	1										
BETA	0.00270	-0.198***	0.0472***	1									
TUOV	0.124***	0.127***	-0.176***	0.210***	1								
TVOL	0.167***	0.170***	-0.205***	0.183***	0.846***	1							
CIR	-0.109***	-0.189***	0.443***	0.0380***	-0.197***	-0.228***	1						
SHARE	-0.0197**	-0.139***	0.0334***	0.181***	0.0708***	-0.0848***	0.643***	1					
RET	0.136***	0.342***	-0.248***	-0.111***	0.341***	0.349***	-0.0660***	-0.0629***	1				
AC	-0.0206***	0.138***	-0.0568***	-0.0679***	-0.0423***	-0.0389***	-0.131***	-0.201***	0.00720	1			
FIRST	-0.0544***	-0.0880***	0.0935***	0.0178**	-0.233***	-0.284***	0.169***	-0.0127*	-0.0100	-0.0162*	1		
BSIZE	-0.00870	0.0469***	0.180***	-0.0777***	0.0123	0.00670	0.382***	0.245***	0.0282***	-0.0202**	-0.118***	1	
INDD	0.00570	-0.0439***	-0.0376***	0.0318***	-0.0661***	-0.0282***	0.0329***	0.0996***	-0.0496***	-0.0291***	0.0362***	-0.325***	1

表 5 – 4 机构投资者持股比例与公司特征的回归结果

VARIABLES	(1) INST	(2) FD	(3) NFD
INV	0.0622**	0.0094	0.0522**
	(0.0270)	(0.0089)	(0.0261)
TQ	0.0145***	0.0132***	0.0007
	(0.0022)	(0.0009)	(0.0020)
GROW	– 0.0086	0.0067***	– 0.0154**
	(0.0064)	(0.0023)	(0.0062)
EPS	0.0235***	0.0246***	– 0.0016
	(0.0090)	(0.0036)	(0.0087)
ROE	0.0019***	0.0017***	0.0002
	(0.0005)	(0.0002)	(0.0005)
CF	0.1492***	0.0846***	0.0500*
	(0.0304)	(0.0117)	(0.0284)
DIVI	– 0.0316	– 0.0340***	0.0052
	(0.0197)	(0.0077)	(0.0190)
SIZE	0.0202***	0.0080***	0.0123***
	(0.0025)	(0.0008)	(0.0025)
LEV	0.0000	0.0004***	– 0.0004**
	(0.0002)	(0.0001)	(0.0002)
截距	– 0.3122***	– 0.1937***	– 0.1188**
	(0.0558)	(0.0186)	(0.0548)
年度	控制	控制	控制
行业	控制	控制	控制
样本量	7538	7538	7538
Adj – R^2	0.0651	0.251	0.0364
F 值	20.36	55.61	11.81

1. *、**、***分别表示在 10%、5% 和 1% 水平上显著; 2. Adj – R^2 为调整后的模型拟合优度。
3. 括号中的数值为标准差(考虑到异方差,本书报告的实证结果均为怀特异方差校正后的回归结果)。

t – 1 期投资支出率与机构投资者持股比例在 5% 的水平上显著正相关,即随着上市公司投资支出水平的提高,机构投资者持股比例也在上升,与本书假说 5 - 1a 的预期相符，也与 Graves 和 Waddock（1994：1040）的结论一致。机构投资者在"超常规发展"的制度环境下，逐步成长为关注上市公司长期价值的市场主体，具有一定的价值发现能力。基金持股虽然与投资支出率正相关但不显著，非基金持股则在 5% 的水平上与之显著正相关，与假说 5 - 1b 不符，说明基金持股与投资支出率的不显著正相关关系，并不影响机构投资者整体对上市公司投资支出水平的关注度。

从机构投资者总体持股来看，*TQ*、*EPS*、*ROE*、*CF*、*SIZE* 与其均显著正相关，说明机构投资者偏好成长性较好、赢利能力强、规模较大的上市公司的股票；基金持股则与成长性的两个指标 *TQ*、*GROW* 均在 1% 的水平上显著正相关，说明基金偏好成长性较好、未来预期较有前景的上市公司；在赢利能力方面，基金持股与 *TQ*、*GROW*、*EPS*、*ROE*、*CF* 等变量均显著正相关，说明基金对上市公司的成长性、赢利能力、规模等均十分看重。从股利政策来看，基金持股与现金股利 *DIVI* 显著负相关，说明基金不偏好发放现金股利的公司，可能更趋向于股价上升带来的回报；*SIZE* 和 *LEV* 均与基金持股显著正相关，说明基金偏好规模大、风险大的上市公司。非基金持股与上市公司特征信息指标的相关性不如基金持股显著，诸多指标中，仅与 *GROW* 和 *LEV* 负相关、与 *SIZE* 正相关，可能因为非基金持股是由券商、QFII、社保基金等多种机构投资者持股比例合计而成，其持股偏好各有差异，未能较明显地体现出来。从上述分析可以看出，我国上市公司特征信息对基金持股比例的解释能力较非基金持股显著，假说 5 - 2a、5 - 2b 成立。

（二）市场表现与机构投资者持股比例的回归分析

表 5 - 5 是模型（5 - 3）的回归结果，包含上市公司市场表现信息变量与机构投资者持股比例的线性关系检验结果，样本量为 11758。由表 5 - 5 的回归结果可以发现，2007 ~ 2014 年的 11758 个观测值的样本回归显示，t - 1 期市场表现信息与机构投资者持股比例有较显著的相关关系。具体而言，从机构投资者总体持股比例来看，*PB*、*RET* 与其均在 1% 的水平上显著正相关，说明机构投资者偏好股价较高、未来的净资产收益率高、回报率高的上市公司股票，*BP* 和 *BETA* 值则与机构投资者持股显著负相关，说明机构投资者偏好股价高、风险低的股票，在股票的交易成本指标方面，机构

投资者持股比例与 *TUOV*、*TVOL*、*SHARE* 均显著负相关，说明机构投资者偏好持有周转率低的股票。总体上看，机构投资者对股价高、回报率高、风险低、流动性低的股票较为青睐。因此，公司股票的市场表现信息对机构投资者持股具有一定的解释力，假说 5 – 3a 成立。

表 5 – 5 机构投资者持股比例与市场表现的回归结果

VARIABLES	（1）INST	（2）FD	（3）NFD
AGE	– 0.0003	– 0.0006 ***	0.0003
	（0.0004）	（0.0001）	（0.0004）
PE	– 0.0000	– 0.0000 ***	0.0000 **
	（0.0000）	（0.0000）	（0.0000）
PB	0.0020 ***	0.0019 ***	0.0000
	（0.0007）	（0.0003）	（0.0007）
BP	– 0.0065 ***	– 0.0083 ***	0.0023
	（0.0025）	（0.0008）	（0.0025）
BETA	– 0.0546 ***	– 0.0380 ***	– 0.0122
	（0.0091）	（0.0035）	（0.0088）
TUOV	– 0.0001 **	– 0.0001 ***	0.0000
	（0.0000）	（0.0000）	（0.0000）
TVOL	– 0.0076 ***	0.0021 **	– 0.0098 ***
	（0.0028）	（0.0009）	（0.0028）
CIR	0.0013	0.0105 ***	– 0.0091 ***
	（0.0023）	（0.0008）	（0.0023）
SHARE	– 0.1744 ***	0.0837 ***	– 0.2643 ***
	（0.0424）	（0.0100）	（0.0424）
RET	0.0156 ***	0.0213 ***	– 0.0069 **
	（0.0036）	（0.0016）	（0.0034）
截距	0.5163 ***	– 0.1822 ***	0.6969 ***
	（0.0594）	（0.0177）	（0.0589）
年度	控制	控制	控制
行业	控制	控制	控制
样本量	11758	11758	11758
Adj – R^2	0.0847	0.155	0.0669
F 值	34.46	48.34	24.06

1. *、**、*** 分别表示在 10%、5% 和 1% 水平上显著；2. Adj – R^2 为调整后的模型拟合优度。

从基金持股比例来看，它与 *AGE*、*PE*、*BP*、*BETA*、*TUOV* 显著负相关，与 *PB*、*TVOL*、*CIR*、*SHARE*、*RET* 显著正相关，说明基金偏好规模不大、市盈率较低的公司，规避风险较大的公司，流动性较好和回报率较高的企业较受基金喜爱。而非基金持股仅与 *PE*、*TVOL*、*CIR*、*SHARE*、*RET* 几个指标有显著相关关系，说明市场表现信息对基金持股的影响较对非基金持股的影响更为显著，假说 5 – 3b 成立。

（三）公司治理与机构投资者持股比例的回归分析

表 5 – 6 是模型（5 – 4）的回归结果，包含上市公司会计信息质量及其他公司治理水平变量与机构投资者持股比例的线性关系检验结果，样本量为 11331。由表 5 – 6 可以发现，2007 ~ 2014 年的整体回归结果显示，$t-1$ 期会计信息质量与机构投资者持股比例在 10% 的水平上显著负相关，机构投资者明显回避会计信息质量低的上市公司股票，与本书假说 5 – 4a 的预期相符，会计信息质量低，机构投资者对上市公司的甄别相对较难，且会计信息质量低意味着企业公司治理水平较低，最终将会影响企业的市场表现，使机构投资者难以获得理想的收益率，因此，机构投资者较关心企业的会计信息质量高低。基金持股比例也与会计信息质量显著负相关，但非基金持股的系数为负却不显著，与本书假说 5 – 4b 相符，说明会计信息质量高低较为显著地影响了基金持股。从机构投资者与会计信息质量的关系可以看出，机构投资者在投资决策时比较关注上市公司的信息披露，对会计信息质量不高、可能存在盈余操纵的企业采取回避态度，具有一定的价值发现能力。

表 5 – 6 机构投资者持股比例与公司治理的回归结果

VARIABLES	（1） *INST*	（2） *FD*	（3） *NFD*
AC	– 0.0513 *	– 0.0350 ***	– 0.0094
	(0.0283)	(0.0126)	(0.0293)
FIRST	– 0.0027	– 0.0651 ***	0.0688 ***
	(0.0101)	(0.0042)	(0.0103)
BSIZE	0.0000	– 0.0005 ***	0.0005
	(0.0004)	(0.0002)	(0.0004)

续表

VARIABLES	(1) INST	(2) FD	(3) NFD
INDD	0.6890 ***	0.0488 ***	0.6358 ***
	(0.0089)	(0.0032)	(0.0092)
AGE	-0.0003	-0.0008 ***	0.0005 *
	(0.0003)	(0.0001)	(0.0003)
LEV	0.0000	0.0001 ***	-0.0001
	(0.0001)	(0.0000)	(0.0001)
TQ	0.0040 ***	0.0120 ***	-0.0086 ***
	(0.0011)	(0.0006)	(0.0012)
EPS	0.0133 ***	0.0495 ***	-0.0376 ***
	(0.0040)	(0.0024)	(0.0042)
ROE	-0.0001	-0.0000	-0.0001
	(0.0001)	(0.0000)	(0.0001)
SIZE	0.0048 ***	0.0155 ***	-0.0111 ***
	(0.0015)	(0.0007)	(0.0015)
截距	0.0717 **	-0.2673 ***	0.3456 ***
	(0.0306)	(0.0139)	(0.0321)
年度	控制	控制	控制
行业	控制	控制	控制
样本量	11331	11331	11331
Adj – R²	0.531	0.287	0.468
F 值	307.6	93.75	219.6

1. *、**、*** 分别表示在 10%、5% 和 1% 水平上显著;2. Adj – R^2 为调整后的模型拟合优度。

其他公司治理指标也对机构投资者持股具有一定的解释力。

首先,股权集中度与机构投资者总体持股负相关,但并不显著,本书的假说 5 – 5a 没有通过验证。从基金与非基金持股的结果来看,这可能是由于基金与其他机构投资者在股权集中度方面的偏好不同,两个方面的作用相互抵消,从而导致机构投资者总体持股与股权集中度的关系不显著。基金持股与股权集中度在 1% 的水平上显著负相关,控股股东的存在,可能使公司治理机制无法有效地发挥作用,有时甚至会出现控股股东侵害中小股东利益的现象,不利于企业的成长,因此,基金在进行投资决策时会选择回避股权集中度较高的企业。非基金持股则与股权集中度在1%水平上显著正相关，第一大股东持股比例越高，非基金持股比例越高。

其次，从董事会规模来看，董事过多，一方面可能使董事们参与监督、决策的积极性减弱，容易"搭便车"，另一方面还可能使企业凝聚力下降，较易受总经理控制，从而使公司治理水平下降；基金持股与董事会规模在1%的水平上显著负相关，基金偏好于董事会规模较小的企业，可能是因为规模较小的董事会执行力、监督力更强，公司治理水平相对较高，非基金持股与董事会规模正相关但不显著，表明非基金持股在董事会规模这一公司治理因素方面并不特别敏感。

再次，独立董事的存在，能在一定程度上缓解代理问题，提高公司治理水平，机构投资者总体及基金、非基金持股均与独立董事比例呈现显著的正相关关系，表明机构投资者整体上都比较偏好独立董事比例高、公司治理水平高的企业。

基金持股与公司治理的相关变量均显著相关，而非基金持股则与会计信息质量、董事会规模的相关关系不显著，公司治理对基金持股的影响比对非基金持股的影响更加明显，本书假说5－5b成立。

四 稳健性检验

为了检验上述结果的稳定性和可靠性，我们从以下几方面进行了一系列的附加测试。

首先，以当期指标作为解释变量。考虑到机构投资者持股比例在年度内可能会依上市公司发展态势做出即时反应，故改为以当期各项会计信息指标考察机构投资者的持股偏好，结果表明，机构投资者更为青睐投资支出率高、会计信息质量高的上市公司，与前文的回归结果基本一致（见表5－7）。

表5－7 稳健性测试的回归结果（一）

VARIABLES	(1) INST	(2) FD	(3) NFD
INV	0.0840 *** (0.0243)	0.0298 *** (0.0081)	0.0501 ** (0.0236)

续表

VARIABLES	(1) INST	(2) FD	(3) NFD
TQ	0.0173 ***	0.0165 ***	− 0.0004
	(0.0019)	(0.0007)	(0.0019)
GROW	− 0.0076	0.0071 ***	− 0.0147 **
	(0.0062)	(0.0021)	(0.0061)
EPS	0.0359 ***	0.0309 ***	0.0036
	(0.0084)	(0.0028)	(0.0082)
ROE	0.0012 **	0.0018 ***	− 0.0007
	(0.0005)	(0.0002)	(0.0005)
CF	0.0976 ***	0.0613 ***	0.0196
	(0.0301)	(0.0101)	(0.0292)
DIVI	− 0.0419 **	− 0.0451 ***	0.0061
	(0.0181)	(0.0061)	(0.0176)
SIZE	0.0206 ***	0.0131 ***	0.0072 ***
	(0.0023)	(0.0008)	(0.0022)
LEV	0.0002	0.0005 ***	− 0.0003 **
	(0.0002)	(0.0001)	(0.0001)
截距	− 0.2833 ***	− 0.3155 ***	0.0420
	(0.0514)	(0.0172)	(0.0499)
年度	控制	控制	控制
行业	控制	控制	控制
区间	2007~2014 年	2007~2014 年	2007~2014 年
样本量	9052	9052	9052
Adj − R^2	0.0735	0.311	0.0379
F 值	23.44	128.8	12.15

1. *、**、*** 分别表示在 10%、5% 和 1% 水平上显著；2. Adj − R^2 为调整后的模型拟合优度；3. 括号内的值为 t 值。

其次，将样本区间换成 2010~2014 年。近年我国机构投资者得到长足发展，考察这一期间机构投资者的整体持股比例与各项公司特征指标的关系，结果显示，各项指标的符号基本与前文结果一致（见表 5 - 8）。

表 5-8　稳健性测试的回归结果（二）

VARIABLES	(1) INST	(2) FD	(3) NFD
INV	0.1289***	0.0043	0.1243***
	(0.0372)	(0.0111)	(0.0362)
TQ	0.0171***	0.0154***	0.0012
	(0.0035)	(0.0010)	(0.0034)
GROW	-0.0094	0.0131***	-0.0223**
	(0.0097)	(0.0029)	(0.0094)
EPS	0.0142	0.0265***	-0.0126
	(0.0126)	(0.0038)	(0.0122)
ROE	0.0020***	0.0012***	0.0008
	(0.0008)	(0.0002)	(0.0007)
CF	0.1208***	0.0424***	0.0724
	(0.0456)	(0.0136)	(0.0444)
DIVI	-0.0074	-0.0431***	0.0382
	(0.0271)	(0.0081)	(0.0263)
SIZE	0.0254***	0.0074***	0.0180***
	(0.0035)	(0.0011)	(0.0034)
LEV	-0.0001	0.0003***	-0.0005**
	(0.0002)	(0.0001)	(0.0002)
截距	-0.4161***	-0.1789***	-0.2351***
	(0.0772)	(0.0231)	(0.0752)
年度	控制	控制	控制
行业	控制	控制	控制
区间	2010~2014 年	2010~2014 年	2010~2014 年
样本量	4348	4348	4348
Adj-R²	0.0623	0.209	0.0331
F 值	11.69	43.64	6.515

　　1. *、**、***分别表示在10%、5%和1%水平上显著；2. Adj-R²为调整后的模型拟合优度；3. 括号内的值为 t 值。

再次，不分行业和年度进行回归（见表 5 - 9）。

表 5 - 9　稳健性测试的回归结果 （三）

VARIABLES	（1） INST	（2） FD	（3） NFD
INV	0.0604 **	0.0001	0.0606 **
	(0.0250)	(0.0092)	(0.0241)
TQ	0.0115 ***	0.0121 ***	- 0.0013
	(0.0018)	(0.0007)	(0.0017)
GROW	- 0.0075	0.0056 **	- 0.0133 **
	(0.0065)	(0.0024)	(0.0063)
EPS	0.0199 **	0.0251 ***	- 0.0055
	(0.0089)	(0.0033)	(0.0086)
ROE	0.0020 ***	0.0019 ***	0.0000
	(0.0005)	(0.0002)	(0.0005)
CF	0.1304 ***	0.0891 ***	0.0283
	(0.0307)	(0.0113)	(0.0295)
DIVI	- 0.0232	- 0.0308 ***	0.0097
	(0.0193)	(0.0071)	(0.0186)
SIZE	0.0175 ***	0.0026 ***	0.0153 ***
	(0.0023)	(0.0009)	(0.0022)
LEV	0.0001	0.0005 ***	- 0.0005 ***
	(0.0001)	(0.0001)	(0.0001)
截距	- 0.2581 ***	- 0.0799 ***	- 0.1827 ***
	(0.0487)	(0.0179)	(0.0468)
样本量	7539	7539	7539
Adj - R^2	0.0429	0.198	0.00828
F 值	38.58	207.2	7.990

　　1. *、**、***分别表示在 10%、5% 和 1% 水平上显著；2. Adj - R^2 为调整后的模型拟合优度；3. 括号内的值为标准差。

最后，剔除部分变量进行回归（见表 5 - 10）。

表 5 - 10 稳健性测试的回归结果 （四）

VARIABLES	(1) INST	(2) FD	(3) NFD
AC	- 0. 0622 *	- 0. 0384 ***	- 0. 0195
	(0. 0346)	(0. 0110)	(0. 0337)
AGE	- 0. 0007 **	- 0. 0005 ***	- 0. 0003
	(0. 0003)	(0. 0001)	(0. 0003)
LEV	0. 0004 ***	0. 0002 ***	0. 0001
	(0. 0001)	(0. 0000)	(0. 0001)
TQ	0. 0164 ***	0. 0146 ***	0. 0008
	(0. 0012)	(0. 0004)	(0. 0012)
EPS	0. 0595 ***	0. 0570 ***	- 0. 0006
	(0. 0052)	(0. 0017)	(0. 0051)
ROE	- 0. 0002	- 0. 0002 ***	0. 0000
	(0. 0001)	(0. 0000)	(0. 0001)
SIZE	0. 0136 ***	0. 0170 ***	- 0. 0040 **
	(0. 0017)	(0. 0005)	(0. 0017)
截距	- 0. 1584 ***	- 0. 3530 ***	0. 2102 ***
	(0. 0377)	(0. 0120)	(0. 0367)
年度	控制	控制	控制
行业	控制	控制	控制
样本量	14521	14521	14521
Adj - R^2	0. 0780	0. 313	0. 0469
F 值	41. 95	221. 3	24. 84

1. *、 ** 、 *** 分别表示在 10% 、5% 、1% 水平上显著；2. Adj - R^2 为调整后的模型拟合优度；3. 括号内的值为标准差。

上述稳健性测试表明，公司特征信息、市场表现信息、公司治理等均对机构投资者持股有一定的解释力，说明机构投资者有着较好的信息优势，能鉴别会计信息较为透明的上市公司，对投资支出率高、公司治理水平高的上市公司表现出明显的持股偏好。

第四节　本章小结

为了检验机构投资者是否具备信息优势并以此为基础做出持股选择，本章研究了机构投资者对上市公司特征信息、市场表现信息、公司治理水平的鉴别能力。通过多元回归分析方法，我们发现机构投资者能辨别会计信息质量较高的上市公司，并对具有会计信息质量好、投资支出率高等特征的上市公司有明显的持股偏好，本章主要的研究结论如下。

第一，我国机构投资者在进行投资决策时十分重视公司特征信息。具体表现为：对投资支出率较高的上市公司较为偏好，机构投资者持股比例与公司的成长性、赢利能力、公司规模等均显著正相关，说明机构投资者偏好成长性较好、赢利能力强、规模较大的上市公司的股票。

第二，上市公司的市场表现也是机构投资者进行投资决策时重点关注的信息。上市公司的股价、市场风险、流动性、回报率等均对机构投资者的持股比例具有一定的解释力。

第三，机构投资者总体上偏好公司治理水平较高的企业，尤其是对会计信息质量高的公司表现出较为稳定的偏好。

第四，机构投资者具有异质性。无论是在公司特征信息、市场表现信息还是在公司治理水平方面，基金持股均较非基金持股表现出较为明显的相关性，表明基金持股在投资决策中具有更高的鉴别能力和价值发现能力。

综上可知，我国机构投资者具备一定的信息优势，能通过对上市公司相关信息的分析、鉴别，选择较具投资价值的股票，以是否投资的方式对上市公司发挥初步的公司治理作用。

第六章 机构投资者持股与公司投资：治理作用分析

近年来，我国各部委出台了多项政策促使长期资金入市，2015 年，《基本养老保险基金投资管理办法》出台，市场期待已久的养老金终于可以进入资本市场了。2014 年，财政部、人力资源和社会保障部、国家税务总局联合下发《关于企业年金 职业年金个人所得税有关问题的通知》，保监会发布《关于加强和改进保险资金运用比例监管的通知》，国务院办公厅发布《关于多措并举着力缓解企业融资成本高问题的指导意见》，这些政策的颁布与实施进一步推动了长期资金的入市，必将为资本市场及机构投资者的长足发展带来新的契机，也再次引发了人们对机构投资者的市场角色的思考。机构投资者是在金融全球化、福利改革等因素影响下迅猛发展起来的，目前已成为全球资本市场特别是成熟资本市场的主导力量，它对发达国家的储蓄增长、资源配置变化、资本市场稳定和公司治理等都产生了重大和深远的影响。随着相关政策的逐步放宽，我国也逐渐形成了以证券投资基金为主，合格境外机构投资者、保险基金、社保基金、企业年金等机构投资者相结合的多元化发展格局，证券市场正逐步走向机构投资者时代，机构投资者在公司治理中扮演着越来越重要的角色。

承接上一章对机构投资者信息优势的分析，机构投资者是否会利用这种信息优势主动或被动地参与公司治理，从而获取更高的投资收益？机构投资者的持股目的在于获取收益，上市公司的业绩增长是投资者的利益源泉，而业绩增长是公司各项经营决策的结果，投资决策是公司价值增长和未来现金流量增长的重要基础，投资支出关系着企业长期发展的方向，是企业业绩增长和盈利的重要来源之一。但受到环境、技术、经济周期等外部因素及公司内部治理结构、现金流等内部因素影响，投资决策有可能偏离企业价值最大化的目标，即公司实际投资水平不等于最佳投资水平（投资资金的边际收益率刚好等于市场要求的投资收益率时的投资水平）。投资支出对企业的长远发展至关重要，不恰当的投资支出往往伴随着投资的非效率、企业价值的降低等严重经济后果。因此，机构投资者持股后，既有动机也有能力关注上市公司的投资支出决策。

第一节　机构投资者持股与投资规模

一　理论分析与假说发展

（一）股权集中度与公司投资支出

现代公司的两权分离提高了公司运营效率，但也造成了公司管理层与股东的信息不对称、利益不一致，使管理层在公司决策中常常不以公司长远利益为目标，而以个人利益最大化为行为基准，造成了管理层与股东之间的代理问题。在股权高度集中的上市公司中，代理问题还可能表现为控股股东与中小股东之间的利益冲突。Shleifer 和 Vishny（1997：780）指出，在大多数国家的大型公司内部，基本的代理问题是外部投资者与控股股东之间的冲突。股权结构影响着公司的方方面面，自 Jensen 和 Meckling（1976：305）分析了股权结构在公司治理中的作用及效率后，这一问题引起了学者们的广泛关注，但大部分学者从企业绩效角度研究股权结构的治理作用，从企业决策行为视角进行探究的相对较少，聚焦于企业资本支出决策的研究更为鲜见。

股权结构及控股股东的角色选择均对企业代理问题有重大影响，从而对投资支出有较大影响。在股权集中度较高的上市公司中，控股股东可能积极"监管"，也可能对外部股东实施"侵占"（王化成和胡国柳，2004：43），而投资支出可能成为公司控股股东谋求私利的重要工具，他们基于控制权收益所做出的公司投融资决策往往会对公司其他股东或企业价值造成损害。具体到投资决策，大股东往往会使企业保有充足的现金流，抑制对未来价值增长有促进作用的投资支出，以达到"掏空"的目的。股权集中度越高，越容易发生大股东掏空问题，胡国柳和蒋国洲（2004：86）的研究结论指出股权集中度在公司治理中的作用是实施"侵占"，Johnson等（2000：26）认为控股股东倾向于利用手中的控制权通过影响经营决策行为从上市公司手中转移资产和利润，这种"掏空"行为直接影响上市公司价值，侵害中小股东等相关利益者的利益。控股股东的利益"侵占"方式受其持股比例高低的影响：第一大股东持股比例相对较低时，可能受到其他大股东的监督，因而会采取较为隐蔽的手段，如通过资本支出的方式；第一大股东持股比例较高时，受到的监督较弱，更可能采取直接侵占，如转移上市公司资源、进行关联交易等手段，从而抑制公司的资本支出。

在我国新兴加转轨的资本市场中，投资者保护相对较弱，上市公司的股权高度集中且缺乏监督，导致了"一股独大下的内部人控制"问题，控股股东往往利用其股权优势侵占上市公司及其他外部股东的利益。我国上市公司控股股东常采取各种手段转移与侵蚀公司利润和资产，如利用不公平的关联交易追求控制权私人收益。许多学者的经验证据支持了这一观点。李增泉、孙铮、王志伟（2004：11）发现，公司大股东会通过公司间借款的方式侵占公司资金。公司治理机制较难在短期内发生重大变化，因此，我国上市公司在较长时期内，都将面临控股股东通过关联交易等非资本支出方式无偿占用上市公司资金的问题，这势必将减少公司资本支出的资金来源，最终影响公司的资本支出水平。胡国柳、裴益政、黄景贵（2006：142）从股权结构角度出发，研究发现公司第一大股东的持股比例与公司资本支出水平显著负相关，原因在于大股东会通过非资本支出方式如关联交易等侵占公司资金，从而限制公司资本支出水平。基于此，我们提出如下假说：

假说6-1：在其他条件相同的情况下，股权集中度与公司的投资支出呈负相关关系。

（二）机构投资者持股与公司投资支出

我国上市公司的代理问题主要表现为控股股东与外部中小股东之间的利益冲突，具体到投资决策中，控股股东会以转移资源、占用资金、关联交易等非资本支出方式侵占公司资金，从而降低对公司长远价值大有裨益的资本投资水平。

机构投资者作为外部股东，能在一定程度上起到对大股东的制衡作用，监督管理层，保护自身和中小股东利益。机构投资者股东积极主义在国内外都得到了大量文献支持，机构投资者可通过股票、提交议案等方式，积极参与公司治理，在改善公司治理结构、确保所有股东得到公平对待和提升公司价值等方面发挥重要作用。相对于外部中小股东，机构投资者持股比例较集中，有一定的持股规模，具有对公司实施监督的能力，并且，持股规模大也造成机构投资者无法轻易"用脚投票"，克服了投资者监督的"搭便车"问题，使他们有意愿采取积极监督的措施。同时，机构投资者具有的专业优势及其采取的长期投资策略（关注企业长期价值增长），也促使机构投资者采取股东积极主义，对控股股东加强监督，从而改善公司治理水平。

在上市公司的资本投资决策中，机构投资者能有效制衡上市公司控股股东及其以非资本支出方式无偿占用资金的行为，保证公司资本支出所需资金，提高资本支出水平。Bushee（1998：331）根据机构投资者持股特征等将机构投资者分成三类：专注型、准指数型和短暂型，其结论表明，专注型和准指数型机构投资者促使企业提高了研发费用支出，较好地减少了公司管理层的短视行为。Wahal 和 McConnell（2000：321）的实证研究发现机构投资者对企业的研发费用和资本支出都发挥着显著的促进作用。Gedajlovic 等（2003：15）发现金融机构持有的股权比例与资本支出之间存在正的联系。Hansen 和 Hill（1991：8）发现机构持股比例与 R&D 支出正相关。刘志远、花贵如（2009：126）的实证研究发现，机构投资者能抑制大股东的资金侵占行为，客观上保护投资者的权益。范海峰、胡玉明、石水平（2009：89）的研究结论表明，机构投资者能有效制衡控股股东通过关联交易等非资本支出方式侵占公司资金，促进公司资本支出，保护中小投资者利益。基于此，我们提出如下假说：

假说 6 - 2：在其他条件相同的情况下，机构投资者持股与公司的投资支出呈正相关关系。

机构投资者是由证券投资基金、券商、QFII、保险公司、社保基金、信托公司等组成的集合体，相对于其他类别的机构投资者而言，证券投资基金是最大的主体，投资实力强，投资总额较大，较高的持股市值使其无法便利地"用脚投票"，在信息搜集、投资人才、专业知识等方面所具有的优势，使证券投资基金具备监督上市公司的意愿和能力，从整体上更能发挥积极监督作用，更好地制衡控股股东的利益侵占行为。范海峰、胡玉明、石水平（2009：48）研究发现基金持股能够增加公司的价值，但社保基金持股不能增加公司的价值。唐跃军和宋渊洋（2010：620）发现，QFII 和基金具有价值选择与价值创造能力，券商和社保基金与公司价值的关系不显著。高敬忠、周晓苏、王英允（2011：134）研究发现，基金对公司信息披露的治理能力较强，社保基金和保险对信息披露不具有显著的治理作用。毛磊、王宗军、王玲玲（2011：104）则指出，不同类型机构投资者对管理者薪酬的影响存在显著的异质性。肖星和王琨（2005：78）认为，从整体来看，基金扮演了积极投资者的角色，姚颐和刘志远（2009：140）也发现证券投资基金在公司的再融资决策中具备理性监督的特点。基于此，本书提出如下假设：

假说 6 - 2a：在其他条件相同的情况下，相对于非基金持股，基金持股与公司投资支出的正相关关系更显著。

二 研究设计

（一）样本选择和数据来源

本节的样本数据来源同上一章，选定 2007～2014 年深沪两市 A 股上市公司作为研究对象，剔除了以下上市公司：首先，由于金融类企业的特殊性，剔除了金融类公司；其次，剔除了发行 B 股或 H 股的上市公司；再次，剔除了 ST、＊ST 等非正常交易状态下的上市公司；最后，对连续变量在 1% 和 99% 分位数上进行 Winsorize 处理。剔除了金融类公司、ST、＊ST 等非正常交易状态下的上市公司及数据缺失的公司，最终选定的样本公司有 19873 家，其中 2007 年 1804 家，2008 年 2091 家，2009 年 2437 家，2010 年 2562 家，2011 年 2619 家，2012 年 2933 家，2013 年 2764 家，2014 年 2663 家，可以看出，样本的年度分布相对比较均衡，且基本呈逐年增加的趋势。

（二）模型设计与变量说明

为了验证假说 6 - 1 和 6 - 2 是否成立，以上市公司投资支出为被解释变量，以机构投资者持股比例及上市公司股权集中度为解释变量，同时加入相应的控制变量，建立回归方程（6 - 1）进行实证检验。如果相关关系存在，说明机构投资者能在一定程度上抑制大股东的"掏空"行为，发挥监督治理作用，促进上市公司的长期投资支出，假说 6 - 1、6 - 2 成立。

$$INV = \beta_0 + \beta_1 INS + \beta_2 F1 + \beta_3 F10 + \beta_3 ZIND + \beta_3 CF +$$
$$\beta_4 GROW + \beta_5 SIZE + \beta_6 LEV + \sum Year + \varepsilon \qquad (6-1)$$

模型中的变量说明如下。

1. 被解释变量

投资支出率（INV）：行业调整后的投资支出率，以"投资支出总额/平均总资产"表示。其中：用"固定资产、无形资产、长期股权投资、在建工程的变动额"作为投资支出总额的替代变量；行业平均投资支出率是行业加权平均的投资支出率，以行业内各公司占所有上市公司总资产的比重为权数计算得出。

2. 解释变量

（1）机构投资者持股比例（$INST$）：以机构投资者持股占该公司流通股的比例来计量。机构投资者持股比例在很大程度上反映着机构投资者参与公司治理的能力和意愿，机构投资者持股比例越大，所占投票权力越大，与公司整体利益越一致，分享公司收益的可能性也越高，参与公司治理采取积极行动的可能性也越大。

（2）基金持股比例（FD），同前。

（3）非基金持股比例（NFD），同前。

股权集中度（$F1$）：第一大股东持股比例。

3. 控制变量

前十大股东持股比例（$F10$）：前十大股东持股比例。参照胡国柳、裴益政、黄景贵（2006：137）的研究，在模型中加入前十大股东持股比例（$F10$），观察公司其他股东是否能对企业投资支出产生影响。

Z 指数（*ZIND*）：股权集中度的 Z 指数，即第一大股东持股比例/第二大股东持股比例。

现金流量（*CF*）：经营活动净现金流除以总资产。Vogt（1994：13）、Almeida 和 Campello（2004：8）的研究均表明，经营活动现金流是影响公司投资水平的重要因素，经营活动现金流量是公司内部现金融资的主要来源，通过影响融资规模与融资成本，最终影响公司的投资支出水平。

营业收入增长率（*GROW*）：（本年度营业收入－上年度营业收入）/上年度营业收入。投资支出的一个重要决定因素即公司的成长机会，成长性越高，潜在的投资机会将越多，基于企业价值最大化的目标，投资支出也相应较高。

公司规模（*SIZE*）：资产总额的自然对数。参考 Almeida 和 Campello（2004：8），加入公司规模控制变量。一般而言，公司规模越大，投资机会越多，本章用资产总额的自然对数作为公司规模的替代变量。

资产负债率（*LEV*）：总负债/总资产。由于负债必须按期偿还，且债权人可能根据贷款条约限制公司投资的水平及方向，因此，负债是企业投资支出的一个约束条件，而且，资产负债率越高，经营风险也越大，企业融资越困难，必然影响公司的投资支出。童盼和陆正飞（2005：78）、李增泉等（2008：128）的研究中均引入了资产负债率这一控制变量。

另外，由于不同年份宏观经济环境可能存在重大差异，加入年度哑变量 *YEAR* 和行业哑变量 *IND* 以控制其影响。

模型中各变量含义如表 6-1 所示。

表 6-1 变量定义

名　　称	符号	定　　义
被解释变量：		
投资支出率	*INV*	经行业调整后的公司投资支出率
解释变量：		
机构投资者持股	*INS*	
机构投资者持股比例	*INST*	机构投资者持股占该公司流通股的比例
基金持股	*FD*	基金持股占该公司流通股的比例
非基金持股	*NFD*	基金以外的机构投资者持股占该公司流通股的比例
股权集中度	*F*1	第一大股东持股比例

续表

名　　称	符号	定　　义
控制变量：		
前十大股东持股比例	F10	前十大股东持股比例
Z 指数	ZIND	第一大股东持股比例/第二大股东持股比例
现金流量	CF	经营活动净现金流/总资产
营业收入增长率	GROW	（本年度营业收入－上年度营业收入）/上年度营业收入
公司规模	SIZE	总资产取自然对数
资产负债率	LEV	公司总负债/总资产
年度	YEAR	年度虚拟变量
行业	IND	行业虚拟变量

三　实证结果

（一）描述性统计

表 6－2 是变量的描述性统计，从表中可以看出，我国上市公司行业调整投资支出率平均为－0.01，中位数小于均值，说明投资支出率在不同行业间分布不均衡，少数行业投资支出率很高，最大值达到 0.45，纵向来看，行业调整投资支出率均值呈逐年上升的态势。机构投资者整体持股比例为 17%，机构投资者合计持有单家上市公司股份最大值达到了 78%，基金持股均值为 4%，最高达到 30%，股权分置改革后流通股增加，但机构投资者仍是资本市场中的重要力量。样本中，上市公司股权集中度即第一大股东持股比例平均为 39%，最高达到 97%，表明我国上市公司股权高度集中、"一股独大"，这种股权结构为控股股东通过关联交易、直接占用资金等方式侵占上市公司资金提供了便利条件。

表 6－2　主要变量的描述性统计

变　量	样本量	均　值	标准差	最小值	中位数	最大值
INV	19873	－0.0100	0.110	－0.390	－0.0200	0.450
2007 年	1804	－0.0400	0.140	－0.390	－0.0500	0.450
2008 年	2091	－0.0300	0.110	－0.390	－0.0400	0.450
2009 年	2437	－0.0300	0.110	－0.390	－0.0400	0.450

变　量	样本量	均　值	标准差	最小值	中位数	最大值
2010 年	2562	− 0.0200	0.100	− 0.390	− 0.0300	0.450
2011 年	2619	0	0.100	− 0.390	− 0.0200	0.450
2012 年	2933	0	0.0900	− 0.390	− 0.0200	0.450
2013 年	2764	0	0.100	− 0.390	− 0.0100	0.450
2014 年	2663	0	0.0900	− 0.390	− 0.0100	0.450
INST	19873	0.170	0.190	0	0.100	0.780
FD	19873	0.0400	0.0600	0	0	0.300
NFD	19873	0.130	0.180	0	0.0400	0.750
F1	19873	0.390	0.170	0.0900	0.360	0.970
F10	19873	0.640	0.210	0.220	0.630	1
ZIND	19873	12.40	23.44	1	3.960	161.6
CF	19873	0.0500	0.0900	− 0.360	0.0500	0.400
GROW	19873	0.220	0.530	− 0.690	0.140	4.100
SIZE	19873	21.39	1.510	15.58	21.35	25.15
LEV	19873	47.77	31.80	4.540	45.78	285.7

　　表 6 – 3 和图 6 – 1 展示了解释变量股权集中度和机构投资者持股比例的描述性统计分析结果。可以看出，2007 ~ 2014 年，股权集中度的均值呈缓慢下降的趋势，但始终维持在 36% 以上的高度，说明我国上市公司"一股独大"的现象虽然有轻微缓解，但股权仍然相当集中。机构投资者持股比例的均值先降后升，自 2009 年后稳步增长，始终维持在 12% 以上，2014 年达到 18%，最高值达到 78%，说明机构投资者对上市公司的投资规模逐步扩大，这与我国不断实施鼓励机构投资者积极发展有关，也说明我国的投资环境日渐良好。

表 6 – 3　机构投资者持股比例与股权集中度的描述性统计

变　量	年　份	样本量	均　值	标准差	最小值	中位数	最大值
INST	2007	1804	0.260	0.220	0	0.220	0.780
	2008	2091	0.160	0.200	0	0.0800	0.780
	2009	2437	0.120	0.170	0	0.0500	0.780
	2010	2562	0.130	0.170	0	0.0700	0.780

续表

变　量	年　份	样本量	均　值	标准差	最小值	中位数	最大值
INST	2011	2619	0.150	0.170	0	0.0900	0.780
	2012	2933	0.170	0.190	0	0.100	0.780
	2013	2764	0.180	0.200	0	0.110	0.780
	2014	2663	0.180	0.190	0	0.110	0.780
*F*1	2007	1804	0.380	0.170	0.0900	0.360	0.970
	2008	2091	0.400	0.180	0.0900	0.380	0.970
	2009	2437	0.410	0.180	0.0900	0.390	0.970
	2010	2562	0.390	0.170	0.0900	0.380	0.970
	2011	2619	0.380	0.170	0.0900	0.360	0.970
	2012	2933	0.390	0.170	0.0900	0.370	0.970
	2013	2764	0.380	0.170	0.0900	0.360	0.970
	2014	2663	0.360	0.160	0.0900	0.340	0.970

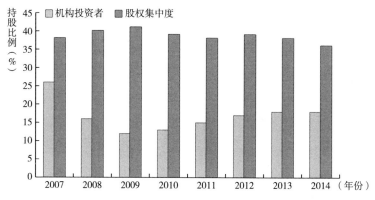

图 6 - 1　第一大股东和机构投资者持股比例趋势

（二）相关性分析

表 6 - 4 是模型中主要变量的相关系数分析，从表中可以看出，除了非基金持股（*NFD*）外，投资支出（*INV*）与各变量之间的相关系数均显著异于零，说明本文的模型设定合理。各个自变量之间的相关系数也不高，前十大股东持股比例（*F*10）与内部现金流（*CF*）、公司规模（*SIZE*）等个别变量之间系数稍高，但并未超过 0.3，问题并不严重，多重共线性问题不明显。

表 6 - 4 主要变量的相关系数

	INV	INST	FD	NFD	F1	F10	ZIND	CF	GROW	SIZE	LEV
INV	1										
INST	0.0308***	1									
FD	0.0992***	0.286***	1								
NFD	-0.00360	0.934***	-0.0700***	1							
F1	0.0661***	-0.0453***	-0.117***	-0.00330	1						
F10	0.138***	-0.00840	-0.127***	0.0377***	0.640***	1					
ZIND	-0.0596***	-0.0780***	-0.0729***	-0.0545***	0.339***	-0.117***	1				
CF	0.0635***	-0.0123*	0.0674***	-0.0398***	0.142***	0.234***	-0.0275***	1			
GROW	0.223***	0.00820	0.0616***	-0.0139***	0.0268***	0.0798***	-0.0348***	0.0559***	1		
SIZE	0.131***	0.161***	0.284***	0.0670***	0.0472***	-0.233***	0.185***	-0.0773***	-0.0265***	1	
LEV	-0.112***	0.0181**	-0.0526***	0.0368***	-0.0431***	-0.174***	0.0609***	-0.146***	0.0243***	0.111***	1

（三）多元回归结果分析

表 6 - 5 列示了机构投资者持股比例与投资支出的多元回归结果，回归 1、2、3 分别采用机构总持股比例、基金持股比例、非基金持股比例为解释变量。从表中数据可知，在 2007 ~ 2014 年的样本区间，股权集中度与投资支出率的负相关关系较为稳定，均在 1% 水平上显著，符合本章的假说 6 - 1，说明上市公司第一大股东持股比例越高，越有可能减少公司的长期投资支出，这可能是由于大股东持股比例越高，通过关联交易、占用资金等方式直接攫取上市公司现金流的阻力越小，因此越倾向于减少公司投资支出从而保证上市公司有充足的现金流向外输送。

表 6 - 5　机构投资者持股与投资支出的回归结果

变　量	回归 1	回归 2	回归 3
INST	0.0035		
	(0.0039)		
FD		0.0946***	
		(0.0119)	
NFD			- 0.0071*
			(0.0040)
F1	- 0.0367***	- 0.0347***	- 0.0375***
	(0.0068)	(0.0068)	(0.0068)
F10	0.0957***	0.0981***	0.0968***
	(0.0058)	(0.0058)	(0.0058)
ZIND	- 0.0001***	- 0.0001***	- 0.0002***
	(0.0000)	(0.0000)	(0.0000)
CF	0.0427***	0.0371***	0.0420***
	(0.0091)	(0.0092)	(0.0091)
GROW	0.0457***	0.0451***	0.0456***
	(0.0027)	(0.0027)	(0.0027)
SIZE	0.0121***	0.0107***	0.0123***
	(0.0006)	(0.0006)	(0.0006)
LEV	- 0.0003***	- 0.0003***	- 0.0003***
	(0.0000)	(0.0000)	(0.0000)

变　量	回归1	回归2	回归3
截距	-0.3178^{***}	-0.2939^{***}	-0.3186^{***}
	(0.0145)	(0.0148)	(0.0145)
行业	控制	控制	控制
年度	控制	控制	控制
样本量	19873	19873	19873
Adj－R^2（%）	0.135	0.138	0.135
F值	62.55	66.75	62.41

1. *、**、***分别表示在10%、5%和1%水平上显著；2. Adj－R^{2}为调整后的模型拟合优度。

机构投资者总持股比例与上市公司投资支出呈现正相关关系，但并不显著，假说6－2未通过检验，从基金持股比例、非基金持股比例的回归结果可以看出，二者与投资支出分别呈现正相关和负相关的关系，可能这两种作用相互抵销从而使机构总体持股比例与上市公司投资支出的关系不显著。基金持股比例与投资支出正相关，且在1%水平上显著。基金持股促进了企业的投资支出，提升了企业的长期价值；非基金持股比例与投资支出在10%水平上显著负相关，说明非基金持股可能由于投资策略不同于基金，不关注企业的长期价值增长，未能起到改善公司投资支出水平的作用。回归结果与本章的假说6－2a相符，表明机构投资者之间有较大差异，在投资支出方面，基金持股扮演了积极监督的角色，而非基金持股则削弱了上市公司增加投资支出的动机。

结合上述两方面的回归结果，可以看出，我国机构投资者持股能在一定程度上抑制大股东"掏空"，有利于上市公司进行长期投资，促进上市公司长期价值的增长。

在三个回归中，前十大股东持股比例与公司的投资支出均显著正相关，表明前十大股东持股对控股股东的利益攫取有一定的抑制作用，Z指数的符号则与股权集中度的符号一致，进一步说明第一大股东持股比例越高，股权结构越集中，企业的投资支出水平越低，大股东存在抑制资本支出的行为。内部现金流（CF）、营业收入增长率（GROW）、公司规模（SIZE）均与企业投资支出显著正相关，表明企业现金流越充裕，投资机会越多，公司规模越大，投资支出水平越高，而资产负债率（LEV）则在一定程度上抑制了公司的投资支出。上述结果与假设预期基本相符，与已有的研究结果也基本相同。

四　稳健性检验

为了检验上述研究结论的可靠性，本文在如下几个方面做出改变后进行了稳健性检验。

（1）以"固定资产、长期股权投资、无形资产、在建工程的改变量"为被解释变量。直接选取未经行业调整的上市公司投资支出率作为被解释变量，回归结果如表6-6。从表6-6可以看出，稳健性检验的结论与前文基本一致，表明实证结论是可靠的。基金持股比例在1%的水平上显著正相关，表明基金持股能促进上市公司的投资支出，使上市公司的长期价值增长有一定的基础。第一大股东的持股比例与投资支出率呈显著负相关关系，其他控制变量的符号也与前文一致。

表6-6　稳健性检验（一）

变　量	回归1	回归2	回归3
INST	-0.0007 （0.0036）		
FD		0.0857*** （0.0115）	
NFD			-0.0106*** （0.0038）
F1	-0.0402*** （0.0062）	-0.0381*** （0.0062）	-0.0408*** （0.0062）
F10	0.0976*** （0.0051）	0.0995*** （0.0051）	0.0988*** （0.0051）
ZIND	-0.0001*** （0.0000）	-0.0001*** （0.0000）	-0.0001*** （0.0000）
CF	0.0443*** （0.0075）	0.0392*** （0.0075）	0.0433*** （0.0075）

续表

变　量	回归 1	回归 2	回归 3
GROW	0.0450 ***	0.0445 ***	0.0450 ***
	(0.0013)	(0.0013)	(0.0013)
SIZE	0.0118 ***	0.0104 ***	0.0119 ***
	(0.0005)	(0.0005)	(0.0005)
LEV	− 0.0003 ***	− 0.0003 ***	− 0.0003 ***
	(0.0000)	(0.0000)	(0.0000)
截距	− 0.2263 ***	− 0.2037 ***	− 0.2260 ***
	(0.0125)	(0.0128)	(0.0124)
行业	控制	控制	控制
年度	控制	控制	控制
样本量	19873	19873	19873
Adj − R^2（%）	0.152	0.154	0.152
F 值	115.6	117.8	115.9

　1.*、**、*** 分别表示在10%、5%和1%水平上显著；2. Adj − R^{2}为调整后的模型拟合优度。

　　（2）以"购建固定资产、无形资产等长期资产所支付的现金/总资产"作为被解释变量，回归结果见表6 - 7。可以看出，稳健性检验的结论与前文基本一致，表明实证结论是可靠的。机构投资者持股比例中基金持股比例均与投资支出率是正的相关关系，并在1%的水平上显著相关，第一大股东的持股比例与投资支出率是显著负相关关系，其他控制变量的符号也与前文一致。

表 6 - 7　稳健性检验（二）

变　量	回归 1	回归 2	回归 3
INST	− 0.0046 **		
	(0.0022)		
FD		0.0394 ***	
		(0.0069)	
NFD			− 0.0097 ***
			(0.0023)

续表

变　量	回归 1	回归 2	回归 3
F1	− 0.0248 ***	− 0.0234 ***	− 0.0250 ***
	(0.0037)	(0.0037)	(0.0037)
F10	0.0605 ***	0.0610 ***	0.0612 ***
	(0.0031)	(0.0031)	(0.0031)
ZIND	− 0.0001 ***	− 0.0001 ***	− 0.0001 ***
	(0.0000)	(0.0000)	(0.0000)
CF	0.0929 ***	0.0906 ***	0.0921 ***
	(0.0046)	(0.0046)	(0.0046)
GROW	0.0059 ***	0.0056 ***	0.0058 ***
	(0.0008)	(0.0008)	(0.0008)
SIZE	0.0031 ***	0.0023 ***	0.0030 ***
	(0.0003)	(0.0003)	(0.0003)
LEV	− 0.0001 ***	− 0.0001 ***	− 0.0001 ***
	(0.0000)	(0.0000)	(0.0000)
截距	− 0.0051	0.0067	− 0.0038
	(0.0076)	(0.0078)	(0.0076)
行业	控制	控制	控制
年度	控制	控制	控制
样本量	19768	19768	19768
Adj - R^2 （%）	0.147	0.148	0.147
F 值	110.5	111.6	111.0

1. *、**、*** 分别表示在 10%、5% 和 1% 水平上显著；2. Adj - R^2 为调整后的模型拟合优度。

（3）以"固定资产、长期股权投资、无形资产的改变量/年末总资产"作为被解释变量。从表 6 - 8 的检验结果可知，稳健性检验的结论与前文基本一致，表明实证结论是可靠的。

表 6 - 8　稳健性检验（三）

变　量	回归 1	回归 2	回归 3
INST	− 0.0017		
	(0.0035)		

变　量	回归 1	回归 2	回归 3
FD		0.0710***	
		(0.0110)	
NFD			-0.0101***
			(0.0036)
F1	-0.0298***	-0.0279***	-0.0303***
	(0.0059)	(0.0059)	(0.0059)
F10	0.0773***	0.0787***	0.0782***
	(0.0049)	(0.0049)	(0.0049)
ZIND	-0.0001***	-0.0001***	-0.0001***
	(0.0000)	(0.0000)	(0.0000)
CF	0.0320***	0.0279***	0.0312***
	(0.0072)	(0.0073)	(0.0073)
GROW	0.0441***	0.0437***	0.0441***
	(0.0012)	(0.0012)	(0.0012)
SIZE	0.0098***	0.0087***	0.0099***
	(0.0005)	(0.0005)	(0.0005)
LEV	-0.0002***	-0.0002***	-0.0002***
	(0.0000)	(0.0000)	(0.0000)
截距	-0.1844***	-0.1653***	-0.1838***
	(0.0120)	(0.0123)	(0.0120)
行业	控制	控制	控制
年度	控制	控制	控制
样本量	19873	19873	19873
Adj-R² (%)	0.127	0.129	0.127
F 值	94.13	95.65	94.41

　　1. *、**、***分别表示在10%、5%和1%水平上显著；2. $Adj-R^2$为调整后的模型拟合优度。

　　（4）采用季度数据进行回归。从表6-9的检验结果可知，稳健性检验的结论与前文基本一致，表明实证结论是可靠的。

表 6 - 9　稳健性检验（四）

变　量	回归 1	回归 2	回归 3
INST	- 0.0075***		
	(0.0011)		
FD		0.0166***	
		(0.0034)	
NFD			- 0.0100***
			(0.0012)
F1	- 0.0186***	- 0.0169***	- 0.0185***
	(0.0019)	(0.0019)	(0.0019)
F10	0.0539***	0.0526***	0.0542***
	(0.0016)	(0.0016)	(0.0016)
ZIND	- 0.0000***	- 0.0000***	- 0.0000***
	(0.0000)	(0.0000)	(0.0000)
CF	0.0490***	0.0474***	0.0484***
	(0.0026)	(0.0026)	(0.0026)
GROW	0.0002	0.0001	0.0002
	(0.0002)	(0.0002)	(0.0002)
SIZE	0.0023***	0.0020***	0.0022***
	(0.0002)	(0.0002)	(0.0001)
LEV	- 0.0056***	- 0.0055***	- 0.0055***
	(0.0005)	(0.0005)	(0.0005)
截距	- 0.0580***	- 0.0512***	- 0.0565***
	(0.0035)	(0.0036)	(0.0035)
行业	控制	控制	控制
季度	控制	控制	控制
样本量	73946	73946	73946
Adj - R^2（%）	0.0742	0.0740	0.0746
F 值	108.8	108.4	109.3

1. *、**、***分别表示在 10%、5% 和 1% 水平上显著；2. Adj - R^2 为调整后的模型拟合优度。

第二节 机构投资者持股与投资效率

从上节结论可知，机构投资者能在一定程度上抑制大股东的"掏空"行为，提高企业的资本支出水平，然而，资本支出水平的提高是否能提升企业长期价值，还受投资效率的影响。投资效率直接关系着公司价值，有效的投资不仅是公司成长的主要动力和未来现金流量增长的基础，更是拉动经济增长的重要力量。投资决策是公司最重要的财务决策之一，但由于受到内外部环境的影响，公司的投资决策往往会偏离企业价值最大化原则，产生非效率投资问题。非效率投资通常是指管理层、大股东等出于自身利益的考虑，在投资决策中从自身利益最大化出发而不以企业价值最大化为目标所做出的投资决策。企业非效率投资可分为投资不足与过度投资两种：投资不足是指企业主动或被动放弃符合自身成长机会、净现值为正的项目；过度投资是指企业的投资超出了自身的能力，投资于净现值为负的项目。如前所述，非效率投资成为中国经济发展中的重要问题，从世界范围来看，中国上市公司投资效率低下，资本投资回报率甚至远低于同期银行贷款利率。2008年金融危机以来，国家出台了多项投资计划，这些举措在刺激经济发展的同时，也不可避免地为诸多行业和企业带来了非效率投资的隐患。在考察了机构投资者持股对投资支出水平的促进作用之后，更进一步地检验机构投资者与上市公司投资效率的关系显得尤为重要。

随着公司治理理论与现代财务理论交叉融合的逐步深入，公司治理在公司财务活动中发挥的作用也成为近年来的研究热点之一。拥有股东和市场投资者双重角色的机构投资者，既能以股东身份参与公司内部治理，又能以外部投资者身份，发挥外部治理作用，鉴于此，本节考察了机构投资者在公司的投资决策中所发挥的作用，检验机构投资者是否能抑制上市公司的过度投资。主要贡献有：①从公司投资效率角度研究机构投资者的股东积极主义行为，为我国大力发展机构投资者的相关决策提供借鉴；②剖析了机构投资者发挥治理作用的途径和作用机制，分别检验了机构投资者以自由现金流量为中介变量抑制过度投资的过程，和以权益资本成本为中介变量缓解投资不足的过程；③对机构投资者的异质性做出了检验，分别考察了基金与非基金在治理过度投资和投资不足中的不同作用。

一　理论分析与假说发展

（一）机构投资者与非效率投资

在完美资本市场条件下，信息完全对称，因此只要存在净现值大于零的投资机会，企业就能以合理的成本筹集资金进行投资，直到投资的边际收益与边际资本成本相等时，企业实现当前资本成本条件下的最佳投资规模（Modiglian and Miller，1958：280）。然而，符合完美条件的资本市场并不存在，市场主体间客观存在信息不对称和两权分离带来的代理问题，并可能引发公司的非效率投资。由于股东与管理层目标利益函数不同（Berle and Means，1932：55），管理层努力的经营成果由股东和管理层共同享有，但成本却由管理层承担（Jensen and Meckling，1976：310），因此，管理层倾向于选择有利于自身而可能有损于股东利益的决策，表现在投资决策上，管理层可能会投资于净现值为负的项目，或规避有风险、收益期较长的投资，形成过度投资或投资不足。此外，代理问题还有另外一种形式，即控股股东与小股东之间的冲突，当大股东股权集中到一定程度，同时资本市场对中小股东的保护机制不健全时，控股股东可能会牺牲小股东利益实现其控制权私人收益，而过度投资、多元化投资、盲目投资等均是控股大股东获得隐性收益的途径。

股权分散会导致中小股东"搭便车"，股权过度集中会导致控股股东侵害其他股东的利益。机构投资者既不同于一般的中小股东，也不同于控股股东，而是处于中小股东和控股股东之间，能够克服股权分散与股权集中的缺点，在参与公司治理方面具有独特的优势。国内外大量研究表明，机构投资者参与公司治理的方式一般有两种：积极主义与消极主义。前者是指"用手投票"，即机构投资者长期持有公司股票，在持有期间以股东身份积极参与公司事务，改进公司治理，发挥监督作用（Shleifer and Vishny，1986：308；肖星和王琨，2005：78），对公司相关决策产生直接影响；后者是"用脚投票"，即机构投资者通过买入或卖出股票进入、退出企业，持有期间不参与被投资公司的治理和决策过程（Pound，1988：253）。

公司治理的目的是……保证公司决策科学化（李维安和唐跃军，2005：37），在公司投资策略制定中，机构投资者是介于控股股东与中小投资者之间的第三方力量，形成公司治理和监督的特殊力量，进而影响企业的经营决策、信息披露等，减少由信息不对称、代理问题引起的企业过度投资。一方面，机构投资者作为金融中介，在信息收集、处理、分析方面具有规模优势，并能在市场中通过理性交易行为把这些信息传递到股价中，增强股价对企业真实价值的反映，从而有效降低投资者与公司管理层、控股股东之间的信息不对称，降低代理成本，提高公司信息透明度，进而降低企业的股权融资成本，在一定程度上可以降低非效率投资的程度。另一方面，机构投资者一旦在被投资企业中的持股比例达到较高水平，在发现公司的经营或治理上存在问题时，贸然"用脚投票"将引致股份大幅下跌，从而遭受巨额投资损失，这使消极主义行动的成本增大；并且，机构投资者作为上市公司股东，即使持股比例相对较低，也可以采用合作机制，通过行使投票权、进行代理权竞争、参与股东大会等方式，积极参与公司治理，维护自身的投资权益，抑制上市公司的非效率投资。

虽然关于机构投资者对非效率投资治理作用的文献不多，也未形成较为成熟的结论，但大多数学者认为机构投资者能减少公司的非效率投资。Shleifer 和 Vishny（1986：293）认为，机构投资者有助于抑制公司的非效率投资。Richardson（2006：181）研究发现独立董事和机构投资者持股可以有效缓解企业的过度投资行为。在我国，唐雪松、周晓苏、马如静（2007：51）指出机构投资者并未如预期那样对过度投资行为产生抑制作用，但大部分研究认为，机构投资者在非效率投资方面发挥了积极的监督作用。计方和刘星（2011：71）研究发现，机构投资者对公司的过度投资和投资不足行为有很显著的抑制作用。宋常和刘司慧（2010：107）研究发现，中国上市公司存在过度投资问题，机构投资者持股能减轻信息不对称程度，进而一定程度地抑制过度投资，而信息披露评级与机构投资者持股对过度投资的影响作用是替代性的。叶建芳、赵胜男、李丹蒙（2012：33）也发现，机构投资者持股比例、长线型机构投资者尤其是长线型基金与过度投资显著负相关。叶松勤和徐经长（2013：40）的研究结论表明，机构投资者能有效抑制大股东的非效率投资行为。基于此，我们提出如下假说：

假说6-3：在其他条件相同的情况下，机构投资者持股比例与上市公司过度投资成负相关关系。

假说6-4：在其他条件相同的情况下，机构投资者持股比例与上市公司投资不足成负相关关系。

如前所述，不同类型的机构投资者参与公司治理的能力与意愿不尽相同，基金在投资规模、专业知识等方面的优势，决定了其在监督上市公司投资决策方面具有更好的优势与能力，因此证券投资基金从整体上更能发挥积极监督作用，更好地抑制企业的非效率投资。叶建芳、赵胜男、李丹蒙（2012：33）根据持股时间长短将机构投资者划分为长线型和短线型，发现长线型机构投资者尤其是长线型基金与过度投资显著负相关，表现为有效监督者；而短线型机构投资者则缺乏参与公司治理的意愿和动机，表现为利益攫取者。基于此，本书提出如下假说：

假说6-3a：相比于非基金持股，基金持股抑制上市公司过度投资更明显。

假说6-4a：相比于非基金持股，基金持股抑制上市公司投资不足更明显。

（二）机构投资者、自由现金流和过度投资

机构投资者在信息的收集、处理、分析方面及专业知识方面均具有规模优势，机构投资者积极主义在上市公司治理中可发挥重要作用，能有效降低投资者与公司管理层、控制股东之间的信息不对称，缓解代理问题。机构投资者持股比例越高，会计信息质量越好（牛建波等，2013：55）；机构投资者能有效抑制管理层的盈余管理行为（Velury and Jenkins，2006：1049；范海峰和胡玉明，2013：29），缓解股东与管理层之间的委托代理问题，促进管理层薪酬结构和薪酬水平的调整（Ozkan and Neslihan，2007：358），并能减少管理层的短视行为（Helwege等，2012：29）。

机构投资者持股的公司治理角色也能在一定程度上减少公司的自由现金流，降低代理成本，从而抑制由此引发的企业过度投资。Jensen（1986：323）指出，派发现金股利、举借债务可以有效制约过度投资。

机构投资者持股能通过自身的影响力，促使被投资企业派发股利，减少内部自由现金流，缓解代理问题。Moh'd 等（1995：375）选取了美国1972～1989 年的数据，证实机构投资者持股与公司现金股利发放存在正的相关关系，从而使公司融资不得不受到外部资本市场的监督，也使公司的自由现金流减少，代理成本随之降低。Eckbo 和 Verma（1994：33）指出，机构投资者倾向于公司把自由现金流用于发放股利，从而减少管理层掌控的自由现金流，降低代理成本。唐雪松、周晓苏、马如静（2007：50）等研究发现，企业发放股利的行为减少了内部可支配现金流。唐松莲、林圣越、高亮亮（2015：29）指出，长线型基金可抑制自由现金流富余公司的过度投资。齐鲁光和韩传模（2015：55）的研究表明，机构投资者能促进高管权力集中的上市公司的现金分红，抑制高管权力集中产生的代理问题。基于此，我们提出如下假说：

假说 6 - 5：机构投资者持股能有效减少公司的自由现金流。

假说 6 - 5a：相对于非基金持股，基金持股能更有效地减少公司的自由现金流。

两权分离的现代公司制度导致的代理问题可能引发公司的过度投资。因为股东无法全面真实地了解管理者的行为及后果，在信息不对称的情况下，管理者可能用自由现金流投资，并且信息越不对称、自由现金流越多，管理层进行投资的动机越强，甚至有可能从事那些可以为自己谋取私利而于股东无益的投资。Jensen（1986：323）提出"自由现金流代理成本假说"，指出经理利益与股东利益存在不一致时，代理问题出现，经理的目标并非企业价值最大化，而是私人利益最大化，最直接地实现私人利益的方式是通过大规模投资来建造自己的公司帝国（Brealey 和 Myers，2000：15；Hart，1995：13）。

代理问题越严重，投资与现金流的相关性越高，公司内部人滥用自由现金流的偏好越强（Easterbrook，1984：655；Zwiebel，1996：1201）。Jensen（1986：323）指出，企业存在大量的自由现金流时，管理层倾向于以大量的自由现金流进行投资，甚至不惜投资于净现值为负的项目，以追求企业规模扩大所带来的私人收益，而不愿意支付给股东，从而带来过度投资问题。这是因为：首先，持有大量的自由现金能增加管理层可控制的资源，这在一定程度上能增加管理层的现实和潜在报酬。其次，管理层如果将大量的现金分配给股东，则未来需要现金时将不得不向银行等机构借款，使企业背负还本付息的压力，这样管理层无异于给自己上了一道有形或无形的枷锁。在自由现金流充裕的企业中，管理层更容易投资于净现值为负的投资项目，从而出现过度投资，许多学者均发现了自由现金流与企业的过度投资等非效率投资行为之间相关性的经验证据：Strong 和 Meyer（1990：140）发现，剩余现金流与企业的任意投资呈显著正相关关系；Vogt（1994：12）发现经理使用企业自由现金流进行过度投资会导致投资对现金流的敏感性；Richardson（2006：188）的研究结果证实，过度投资主要集中于有自由现金流量的企业中，20% 的自由现金流量被用于过度投资；Mark 和 Clifford（1995：390）的研究结论表明，未预期的现金流有可能被经理用于负净现值项目投资。在我国，杨蓉和李红艳（2013：79）也发现，公司自由现金流会影响投资决策；唐雪松、周晓苏、马如静（2007：50）指出，企业发放股利的行为减少了内部可支配现金流，从而有效地制约了上市公司的过度投资。

机构投资者持股能在一定程度上缓解代理问题，减少企业自由现金流。Richardson（2006：188）研究了自由现金流带来的过度投资问题，检验了公司内部治理结构与自由现金流导致的过度投资之间的关系，结果表明，当存在积极参与管理的股东时，公司的自由现金流代理成本将减少。相对于内源融资，外源融资约束条件较多，因此，当企业自由现金流不足时，管理层较难实施大规模投资并实现私人利益，从而使企业的过度投资在一定程度上得以缓解。基于此，本书提出如下假说：

假说 6 - 6：自由现金流在机构投资者持股比例与上市公司过度投资的关系中发挥着中介作用。

假说 6 - 6a：自由现金流在基金持股与上市公司过度投资的关系中发挥着中介作用，在非基金持股与上市公司过度投资的关系中并未发挥中介作用。

（三）机构投资者、权益资本成本与投资不足

机构投资者股东积极主义在上市公司治理中发挥了重要作用，机构投资者持股比例越高，会计信息质量越好（牛建波等，2013：48）；机构投资者能有效抑制管理层的盈余管理行为（Velury and Jenkins，2006：1043；范海峰和胡玉明，2013：29），缓解股东与管理层之间的委托代理问题，促进管理层薪酬结构和薪酬水平的调整，并能减少管理层的短视行为。作为金融中介，机构投资者在信息的收集、处理、分析方面及专业知识方面均具有规模优势，能在市场中通过理性交易行为把这些信息传递到股价中，增加股价对企业真实价值的反映，有效降低投资者与公司管理层、控股股东之间的信息不对称程度，降低代理成本，提高公司信息的透明度，进而降低企业的股权融资成本，从而在一定程度上可以降低非效率投资程度。范海峰、胡玉明（2010：48）研究发现，机构投资者能有效监督公司管理层，降低公司代理成本，机构投资者持股比例与公司的股权融资成本显著负相关。Attig 等（2013：451）的研究显示，长期持股的机构投资者由于具有较高的监督和信息获取能力，其所持股上市公司的资本成本水平较低。霍晓萍（2015：144）研究发现，持股比例高、持股期限长的机构投资者更能降低上市公司的资本成本。

基于此，本书提出如下假说：

假说6-7：机构投资者持股能有效降低公司的权益资本成本。

假说6-7a：相对于非基金持股，基金持股能更有效地降低公司的权益资本成本。

理论研究及实践表明，信息不对称和代理问题等将造成投资的非效率。股东与债权人之间的信息不对称将产生资产替代效应，而作为信息劣势一方的债权人，必然要求提高利率、增加贷款条约等以增加资本溢价，因此会提高公司的资金成本，使企业外部融资成本高于内部融资成本，最终容易引起投资不足。Myers 和 Majluf（1984：205）认为，若公司存在现金短缺，公司管理者与外部投资者之间的信息不对称会导致公司对外融资成本高昂，管理者会不愿意通过对外融资来满足投资需求，导致投资不足，即在信息不对称普遍存在的情况下，对外融资成本高昂将影响公司的

投资决策。

　　机构投资者通过降低企业内、外部信息不对称程度，会降低公司的股权融资成本，并最终缓解企业的投资不足。一方面，机构投资者在信息收集、处理、分析方面具有规模优势，能在市场中通过理性交易行为把相关信息传递到股价中，增加股价对企业真实价值的反映，降低代理成本，提高公司的信息透明度，进而降低企业的股权融资成本，在一定程度上可以降低非效率投资程度。另一方面，机构投资者作为上市公司股东，能通过行使投票权、进行代理权竞争、参与股东大会等方式，积极参与公司治理。在公司投资策略制定中，股权分散会导致中小股东"搭便车"，股权过度集中会导致控股股东侵害其他股东的利益。机构投资者既不同于一般的中小股东，也不同于控股股东，而是处于中小股东和控股股东之间。机构投资者地位的特殊性，以及机构投资者在信息收集和处理等方面的优势，使之能够克服股权分散与股权集中的缺点，形成公司治理和监督的特殊力量，进而影响企业的经营决策、信息披露等，减少由信息不对称、代理问题引起的企业非效率投资。

　　基于此，本节提出如下假说：

　　假说6-8：权益资本成本在机构投资者持股比例与上市公司投资不足的关系中发挥着中介作用。

　　假说6-8a：权益资本成本在基金持股与上市公司投资不足的关系中发挥着中介作用，在非基金持股与上市公司投资不足的关系中并未发挥中介作用。

本节的理论模型如图6-2所示：

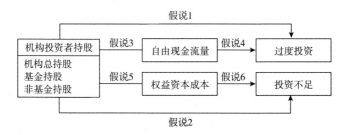

图6-2　理论模型

二　研究设计

(一) 样本选择和划分

本章的财务数据、股权结构数据、机构投资者持股数据等来自北京聚源锐思数据科技有限公司开发的锐思数据库和国泰安 CSMAR 数据库。本节选定 2007～2014 年深沪两市 A 股上市公司作为研究对象，剔除了以下上市公司：首先，由于金融类企业的特殊性，剔除了金融类公司；其次，剔除了发行 B 股或 H 股的上市公司；再次，剔除了 ST、＊ST 等非正常交易状态下的上市公司；最后，对连续变量在 1% 和 99% 分位数上进行 Winsorize 处理。以期望投资模型回归的残差作为非效率投资的衡量指标，最终得到的观测值为 13658 个，其中过度投资的上市公司 5664 家，投资不足的上市公司 7994 家。为了进一步考察机构投资者对非效率投资的作用机制，分别将过度投资且自由现金流大于 0 即现金富余的上市公司划分为过度投资样本，样本量为 2148，投资不足且有权益资本成本数据的划分为投资不足样本，样本量为 3532。

(二) 非效率投资的度量

1. 非效率投资度量模型

经济学中的效率是指所获得的效用与所支付的成本之间的对比关系，具体到投资效率时，可定义为一定条件下投资产出与投入之间的对比关系。由于公司投资项目的多样性和复杂性，一般情况下是多个投资项目同时运作，很难分离出单个投资项目的效率，公司整体投资效率也难以综合计算。如前所述，非效率投资有过度投资和投资不足两种形式，直接以项目的 NPV 值 (净现值) 判断投资效率非常困难，因此，许多文献以间接方法来计量非效率投资：徐磊 (2007：126) 用公司经营绩效指标来度量投资效率，王成秋 (2004) 以资本预算过程中的项目决策准则的先进程度作为判断标准。此外，一些实证研究通过投资和现金流的敏感程度对投资效率做出间接判断，尤其是在 Fazzari 等 (1988：188) 之后。Vogt (1994：8) 的研究提供了区分投资不足和过度投资的方法，投资和现金流的正相关关系出现在投资机会较低的公司中，说明存在过度投资，反之，对于拥有较高投资机会的公司而言，这种正相关关系说明投资不足。

由于投资机会是投资决策的唯一决定因素，投资与现金流之间的敏感程度越大，说明投资受现金流的影响越大，受均衡状态投资机会的影响越小，则投资效率越低。这些研究通过对投资决策的各项影响因素和结果进行研究来间接衡量投资效率，但并未能很明确地刻画出非效率投资的程度。

Hovakimian 等（2002：13）对关于企业非效率投资程度的衡量进行了探索，文章通过计量企业每年度投资对成长性（托宾 Q）的横截面回归，估计出企业平均的正常投资水平，然后用企业实际投资支出与正常投资支出之差来衡量企业的非效率投资。Richardson（2006：175）等后续研究表明，这一方法从整体上对上市公司非效率投资程度的衡量是可行的，过度投资和投资不足的度量得以在会计计量的框架下进行。

现代投资理论认为，任何企业的新项目投资支出都存在一个最佳水平，而企业的成长机会是正常、理性投资行为的内在驱动因素，在不考虑融资约束、代理问题的情况下，企业正常的投资需求是成长机会的增函数。参考 Hovakimian 等（2002：13）、Richardson（2006：175）模型，本节以托宾 Q 值（TQ）作为成长机会的替代变量构建期望投资模型：

$$INV_t = \beta_0 + \beta_1 TQ_{t-1} + \beta_2 LEV_{t-1} + \beta_3 CASH_{t-1} + \beta_4 AGE_{t-1} + \beta_5 SIZE_{t-1} +$$
$$\beta_6 RET_{t-1} + \beta_7 INV_{t-1} + \sum IND + \sum YEAR + \varepsilon \qquad (6-2)$$

其中，INV_t 是公司在 t 年的实际投资支出：固定资产、无形资产、在建工程、长期股权投资的变化额/平均总资产。考虑到 t 期的投资决策是基于年初的相关信息，解释变量使用滞后一期，以部分解决内生性问题；为了控制宏观经济和行业影响，模型中添加了年度和行业哑变量。具体变量定义见表 6 - 10。

表 6 - 10　期望投资模型的变量定义

变量名称	变量符号	变量定义
公司的资本投资水平	INV_t	t 年固定资产、在建工程、无形资产、长期股权投资的变化额除以平均总资产
成长机会	TQ_{t-1}	$t-1$ 年公司托宾 Q 值
财务杠杆	LEV_{t-1}	$t-1$ 年末总负债/总资产

变量名称	变量符号	变量定义
货币资金占比	$CASH_{t-1}$	$t-1$ 年货币资金/总资产
公司年龄	AGE_{t-1}	截至 $t-1$ 年年末的公司上市年限
公司规模	$SIZE_{t-1}$	$t-1$ 年年末总资产的对数
股票收益率	RET_{t-1}	$t-1$ 年的股票收益率
行业	IND	行业虚拟变量
年度	$YEAR$	年度虚拟变量

根据模型（6-2）估算出企业正常的投资水平（INV_t）后，用实际的投资水平减去预期（正常）的投资水平，得到的差额（模型中的残差）定义为非效率投资，其中残差大于0的定义为投资过度，残差小于0的定义为投资不足，为便于观察和解释，本书将小于0的残差绝对值定义为投资不足。

2. 非效率投资模型结果

表6-11是期望投资模型的回归结果。在企业的期望投资支出回归结果中，调整后的 R^2 达到0.13，根据回归结果，可知上市公司最佳的投资水平，以此为基础，可得到非效率投资的程度。

表 6-11　期望投资模型的回归结果

自变量	回归系数	T 值	P 值
TQ	0.0030 ***	4.83	< 0.0000
LEV_{t-1}	− 0.0002 ***	− 6.53	< 0.0000
$CASH_{t-1}$	0.0584 ***	8.42	< 0.0000
AGE_{t-1}	− 0.0017 ***	− 9.53	< 0.0000
$SIZE_{t-1}$	0.0061 ***	7.48	< 0.0000
RET_{t-1}	0.0082 ***	5.15	< 0.0000
INV_{t-1}	0.2130 ***	26.37	< 0.0000
截距	− 0.0944 ***	− 5.15	< 0.0000
年度		控制	
行业		控制	
区间		2007 ~ 2014 年	
样本量		13658	
Adj − R^2（%）		13.02	
F 值		69.17	

1. *、**、*** 分别表示在10%、5%和1%水平上显著；2. Adj − R^2 为调整后的模型拟合优度。

3. 非效率投资情况分析

表 6 - 12 是根据期望投资模型的回归结果得出的非效率投资程度，模型残差大于 0 的定义为过度投资，反之，为投资不足。从表中数据可以看出，我国上市公司非效率投资情况相当普遍；在非效率投资的形式中，更多的是投资不足，有 7994 家，而过度投资的公司是 5664 家，但从非效率程度上看，过度投资的程度较投资不足严重，前者均值约为 0.07，后者约为 0.05；从整体时间上来看，过度投资与投资不足的均值大致呈现逐年下降的趋势，这可能得益于资本市场及上市公司自身越来越规范的发展。

表 6 - 12 2007 ~ 2010 年样本公司非效率投资情况

	区 间	样本量	均 值	中位数	标准差	最小值	最大值
过度投资	2007 年	522	0.0900	0.110	0	0.0500	0.570
	2008 年	534	0.0800	0.0900	0	0.0500	0.520
	2009 年	592	0.0800	0.100	0	0.0400	0.550
	2010 年	599	0.0800	0.100	0	0.0400	0.520
	2011 年	616	0.0800	0.100	0	0.0500	0.570
	2012 年	795	0.0700	0.0800	0	0.0400	0.520
	2013 年	982	0.0700	0.0900	0	0.0400	0.550
	2014 年	1024	0.0600	0.0700	0	0.0300	0.550
	总 体	5664	0.07	0.09	0.00	0.04	0.57
投资不足（绝对值）	2007 年	754	0.06278	0.0622	0.0001	0.3703	0.300
	2008 年	756	0.05735	0.0568	0.0000	0.4114	0.310
	2009 年	847	0.05386	0.0565	0.0000	0.3517	0.320
	2010 年	922	0.05111	0.0493	0.0000	0.3252	0.330
	2011 年	986	0.05110	0.0501	0.0004	0.3600	0.360
	2012 年	1145	0.04731	0.0456	0.0000	0.3661	0.370
	2013 年	1247	0.05159	0.0586	0.0002	0.3719	0.340
	2014 年	1337	0.04341	0.0459	0.0000	0.3764	0.380
	总 体	7994	0.0513	0.0530	0.0000	0.4114	0.38

（三）模型设计和变量说明

1. 机构投资者持股与非效率投资模型

本节借鉴 Baronand Kenny （1986：1180）及温忠麟等（2004：614）

关于中介效应的检验方法，分三步验证自由现金流在机构投资者持股比例与企业过度投资之间的中介作用，以及权益资本成本在机构投资者持股比例与企业投资不足之间的中介作用。本节将自由现金流量为正即现金富余且存在过度投资的观测值定义为过度投资。

首先，为了验证机构投资者持股与企业非效率投资的关系，设计如下模型：

$$OI/UI_t = \beta_0 + \beta_1 INSH_t + \beta_2 CF_t + \beta_3 TQ_t + \beta_4 LEV_t + \beta_6 SIZE_t + \sum IND + \sum YEAR + \varepsilon$$

$$(6-3)$$

其次，为了进一步验证机构投资者持股、自由现金流量与企业过度投资的关系，即假设 6-5 和假设 6-6，设计了模型（6-4）和模型（6-5）进行检验：

$$FCF_t = \beta_0 + \beta_1 INSH_t + \beta_2 CF_t + \beta_3 TQ_t + \beta_4 LEV_t + \beta_5 SIZE_t + \sum IND + \sum YEAR + \varepsilon$$

$$(6-4)$$

$$OI_t = \beta_0 + \beta_1 INSH_t + \beta_2 FCF_t + \beta_3 CF_t + \beta_4 TQ_t + \beta_5 LEV_t +$$
$$\beta_6 SIZE_t + \sum IND + \sum YEAR + \varepsilon$$

$$(6-5)$$

Jensen（1986：323）提出的自由现金流理论认为，企业存在大量自由现金流量时，管理层倾向于以大量的自由现金流进行投资，甚至不惜投资于净现值为负的项目，以追求企业规模扩大所带来的私人收益，而不愿意支付给股东，从而带来过度投资问题。此后，以 FHP（1988：150）的研究为代表的大量文献均从实证上对现金流和投资支出之间的敏感关系给予支持，Vogt（1994：8）认为，在投资机会较少的情况下，投资和现金流的正向相关说明企业存在过度投资，反之，当公司拥有较好的投资机会时，这种正向关系则意味着企业存在投资不足的问题。根据自由现金流理论，企业内部现金流和自由现金流都将影响到企业的非效率投资，因此模型(6-4)中加入了这两个变量。

Myers 和 Majluf（1984：190）的融资"啄食理论"指出，公司的外部投资者与内部人之间的信息不对称将导致外源融资成本高于内源融资成本，这将约束管理层的外部融资行为，因此可能降低外部融资比例，甚至使管理者放弃那些增加企业价值的正净现值的投资项目，从而导致投资不足的问题。因此在模型（6-4）中还加入了融资约束（包括资产负债率 *LEV* 和公司规模 *SIZE*）变量，以捕捉融资约束可能引起的企业投资不足。

再次，为了进一步验证机构投资者持股、权益资本成本与企业投资不足的关系即假设 6-7 和假设 6-8，本书将权益资本成本高于中位数且存在投资不足的观测值定义为投资不足，并设计了模型（6-6）、（6-7）：

$$ECOST_t = \beta_0 + \beta_1 INSH_t + \beta_2 CF_t + \beta_3 TQ_t + \beta_4 LEV_t + \beta_5 SIZE_t + \sum IND + \sum YEAR + \varepsilon$$

$$(6-6)$$

$$UI_t = \beta_0 + \beta_1 INSH_t + \beta_2 ECOST_t + \beta_3 CF_t + \beta_4 TQ_t + \beta_5 LEV_t +$$
$$\beta_6 SIZE_t + \sum IND + \sum YEAR + \varepsilon \qquad (6-7)$$

模型中有关变量的定义和说明如下。

2. 有关变量指标的定义

（1）解释变量

过度投资：模型（6-2）回归残差中大于 0 的部分；

投资不足：模型（6-2）回归残差中小于 0 的部分。

（2）解释变量

机构投资者持股比例（*INST*）：同前；

基金持股比例（*FD*）：同前；

非基金持股比例（*NFD*）：同前。

（3）中介变量

a. 现金富余（*FCF_ R*）

参照唐松莲、林圣越、高亮亮（2015：29）的研究方法，先计算企业的自由现金流，方法为：以公司第 *t* 年（经营活动现金净流量 - 折旧与摊销）/年初总资产，再减去第 *t* 年预期新增投资之后的差额。当该差额为正时，表明公司内部现金流在满足正常投资所需后尚有剩余，即现金富余（*FCF_ R*）。

b. 权益资本成本（*ECOST*）

权益资本成本是指企业采用股权融资方式获取资金所需承担的资金成本，即普通股股东的最低报酬率，主流的衡量方法是采用事前期望回报率，有 GGM 模型、GLS 模型、OJN 模型和 PEG 模型，其中 PEG 模型具有较高的可靠性和准确性（田高良，2011；毛新述，2012），因此本节采用 PEG 模型计算权益资本成本：

$$ECOST = \sqrt{\frac{EPS_2 - EPS_1}{P_0}}$$

其中：$ECOST$ 为权益资本成本；EPS_t 为股票 t 年后每股收益预测值的平均值；P_0 为年末股票价格。

（4）控制变量

a. 内部现金流（CF）：经营活动现金净流量/总资产；

b. 托宾 Q（TQ）：企业的托宾 Q 值

c. 资产负债率（LEV）：总负债/总资产。

Myers（1977：170）指出，当负债比率过高时，债权人将获得项目产生的大部分收益，股东获得的收益很少或者完全没有，股东缺乏动力进行投资，一般会选择放弃项目，从而导致投资不足。在我国银行主导的融资体制下，银行借贷是公司融资的主要来源。因此，当公司的资产负债率过高时，股东出于负债融资成本和自身获利空间的考虑会放弃有正净现值的项目，而且，资产负债率过高，会使企业较难获得银行信贷支持。因此，在模型中引入资产负债率。

d. 公司规模（$SIZE$）：总资产的自然对数。

西方学者们一般以每股股利、公司规模和债券评级等作为融资约束的代理变量（Fazzari 等，1988：150；Almeida and Campello，2004：8；Denis and Sibilkov，2010：255）。一方面，我国缺少债券评级的信息，另一方面，由于特殊的制度环境和市场环境，我国上市公司的股利政策具有间断性和随意性，导致股利支付率难以衡量公司的融资约束（魏锋和刘星，2004：37），而且，那些偏好股权融资的上市公司，为了满足股权融资的规定条件，即使存在融资约束也会发放现金股利，股利支付反而成为其解决融资约束的手段（伍利娜、高强、彭燕，2003：41；李礼、王曼舒、齐寅峰，2006：84）。因此，有许多学者采用公司规模作为融资约束的替代指标，公司规模越大，受到外部投资者、媒体、分析师的关注和跟踪越多，信息不对称程度相对越小，因此，此处也以公司规模作为融资约束的替代变量。

另外，加入行业哑变量 IND 以控制行业效应，加入年度哑变量 YEAR
以控制年度变化的影响。

变量的具体定义见表 6 – 13。

表 6 – 13　模型变量定义

变量名称	符　号	定　义
被解释变量：	INI	—
过度投资	OI	模型（6 – 2）回归结果中大于 0 的残差
投资不足	UI	模型（6 – 2）回归结果中小于 0 的残差的绝对值
解释变量：	INSH	—
机构投资者持股比例	INST	机构投资者持股占该公司流通股的比例
基金	FD	基金持股占该公司流通股的比例
非基金	NFD	基金以外的机构投资者持股占该公司流通股的比例
中介变量：		
现金富余	FCF_ R	自由现金流量大于 0 时的取值，其中：自由现金流 =（经营活动现金净流量 – 折旧与摊销）/年初总资产 – 模型（1）的预期新增投资
权益资本成本	ECOST	计算方法如前文所述
控制变量：		
托宾 Q 值	TQ	企业的托宾 Q 值
内部现金流	CF	经营活动现金净流量/总资产
资产负债率	LEV	总负债/总资产
资产规模	SIZE	总资产取对数
行业	IND	行业虚拟变量
年度	YEAR	年度虚拟变量

三　实证结果

（一）描述性统计

表 6 – 14 是主要变量的描述性统计，包括观测值的均值、中位数、标
准差、最小值和最大值，样本区间为 2007 ~ 2014 年。从表中可以看出，
各变量的描述性统计结果并没有异常，机构投资者在观测值中的持股平均

比例为 20%，其中最高达到 78%，基金持股比例均值达到 6%，最高值为 30%，且覆盖了所有存在非效率投资现象的观测值，说明机构投资者持股范围较广，持股比例不低，这些是机构投资者参与公司决策的动力来源。现金富余虽然在样本中不占多数，但金额较高，均值为 0.1，最高达到 10.73。权益资本成本均值为 0.1，最高达到 0.3，说明不同观测值的权益资本成本有一定差异。

表 6 - 14   变量的描述性统计

区　间	样本量	均　值	中位数	标准差	最小值	最大值
OI	2148	0.08	0.04	0.10	0.00	0.57
2007 年	203	0.0900	0.110	0	0.0500	0.570
2008 年	230	0.0900	0.100	0	0.0500	0.520
2009 年	304	0.0800	0.100	0	0.0400	0.550
2010 年	251	0.0800	0.110	0	0.0500	0.520
2011 年	166	0.100	0.130	0	0.0500	0.500
2012 年	246	0.0700	0.0900	0	0.0400	0.510
2013 年	362	0.0700	0.100	0	0.0300	0.520
2014 年	386	0.0600	0.0800	0	0.0300	0.540
UI	3532	0.05	0.04	0.05	0.00	0.38
2007 年	274	0.0500	0.0500	0	0.0400	0.300
2008 年	282	0.0500	0.0500	0	0.0400	0.310
2009 年	479	0.0500	0.0500	0	0.0400	0.320
2010 年	500	0.0500	0.0400	0	0.0400	0.330
2011 年	413	0.0500	0.0500	0	0.0400	0.360
2012 年	393	0.0400	0.0400	0	0.0300	0.370
2013 年	516	0.0500	0.0500	0	0.0300	0.340
2014 年	675	0.0400	0.0400	0	0.0300	0.380
INST	5680	0.200	0.140	0.190	0	0.780
FD	5680	0.0600	0.0200	0.0800	0	0.300
NFD	5680	0.140	0.0500	0.180	0	0.750
FCF_ R	2148	0.10	0.05	0.35	0.00	10.73
ECOST	3532	0.10	0.09	0.05	0.01	0.30
CF	5680	0.0700	0.0700	0.0800	- 0.360	0.400
TQ	5680	2.130	1.590	1.880	0.160	10.71
LEV	5680	48.46	48.11	24.82	4.540	285.7
SIZE	5680	21.97	21.83	1.240	16.94	25.15

（二）相关性分析

表 6 - 15 给出了模型中主要变量的相关系数。如表所示，在过度投资模型中，除资产负债率 LEV 外，被解释变量过度投资 OI、投资不足 UI 与其他控制变量均有显著的相关关系，但这种相关关系还需在多元回归中进行进一步检验。自变量之间，托宾 Q 与公司规模 SIZE 之间的相关系数略高，但未超过 0.5，问题并不严重，且均为控制变量。从相关系数表可以看出，本模型适用于中国基本情况，模型设定基本合理。

（三）多元回归结果分析

1. 机构投资者持股比例、自由现金流与过度投资回归结果分析

表 6 - 16 是以机构投资者持股比例为解释变量，对模型（6 - 3）、（6 - 4）、（6 - 5）进行回归的结果。回归 1、2、3 验证了机构投资者持股比例、自由现金流与过度投资的关系，样本量为 2148 个。回归 1 是机构投资者比例与过度投资的关系检验，二者负相关但不显著，假说 6 - 3 未通过检验，从回归 4 中可以看出，尽管基金持股比例与过度投资显著负相关，但非基金持股比例与过度投资正相关，二者的作用可能相互抵消，从而使机构投资者整体持股比例与过度投资的关系不显著；回归 2 是机构投资者持股比例与自由现金流关系的检验，结果是机构投资者持股比例与自由现金流显著负相关，机构投资者能有效降低公司的自由现金流，假说 6 - 5 得到了验证，回归 3 是对自由现金流中介作用的第三步检验，在该回归中，机构投资者持股比例的系数为负但不显著，而自由现金流的系数显著为正，说明自由现金流与过度投资正相关，但自由现金流在机构投资者持股比例与过度投资之间的中介作用未得到验证，假说 6 - 6 未通过验证。

表 6 - 16 的回归 4、5、6 是以基金持股比例和非基金持股比例为解释变量，对模型（6 - 3）、（6 - 4）、（6 - 5）进行回归的结果。回归 4 中，基金持股比例与公司过度投资在 1% 的水平上显著负相关，非基金持股比例则不显著，基金对过度投资的影响大于非基金，假说 6 - 3a 通过了检验；回归 5 验证了基金持股比例、非基金持股比例与自由现金流的关系，其中基金持股比例在 1% 水平上与自由现金流显著负相关，说明在现金富余的过度投资样本中，基金持股能有效降低企业的自由现金流，而非基金持股比

表 6－15　主要变量的相关系数

	OI	UI	INST	FD	NFD	FCF_R	ECOST	CF	TQ	LEV	SIZE
OI	1										
UI	0	1									
INST	0.0230	−0.00750	1								
FD	0.00240	−0.0581***	0.346***	1							
NFD	0.0216	0.0180	0.883***	−0.126***	1						
FCF_R	0.255***	−0.0129	−0.00230	0.0129	−0.0110	1					
ECOST	0.0594***	0.0440***	−0.0572***	−0.150***	0.0142	0.0576***	1				
CF	0.0534***	0.0849***	0.0773***	0.174***	−0.00640	0.224***	−0.0462***	1			
TQ	0.120***	0.0977***	0.0843***	0.241***	−0.0277**	0.223***	−0.242***	0.192***	1		
LEV	0.0329	−0.0634***	−0.0194	−0.0711***	0.0111	0.171***	0.232***	−0.117***	−0.266***	1	
SIZE	0.0486***	−0.0980***	0.0958***	0.143***	0.0349***	0.00600	0.0707***	−0.00450	−0.474***	0.239***	1

表 6 – 16　机构投资者持股比例、自由现金流量与过度投资的回归结果

变　量	机构投资者总持股比例			不同类别机构投资者持股比例		
	回归 1	回归 2	回归 3	回归 4	回归 5	回归 6
	过度投资	自由现金流	过度投资	过度投资	自由现金流	过度投资
$INST_t$	– 0.0080	– 0.0837 **	– 0.0026			
	(0.0121)	(0.0425)	(0.0119)			
FD_t				– 0.0794 ***	– 0.4854 ***	– 0.0489 *
				(0.0294)	(0.1817)	(0.0282)
$NOFD_t$				0.0022	– 0.0238	0.0037
				(0.0130)	(0.0280)	(0.0127)
FCF_R_t			0.0640 ***			0.0627 ***
			(0.0187)			(0.0185)
CF_t	– 0.0532	0.9695 ***	– 0.1152 ***	– 0.0444	1.0179 ***	– 0.1083 ***
	(0.0347)	(0.1523)	(0.0392)	(0.0344)	(0.1489)	(0.0390)
TQ_t	0.0091 ***	0.0633 ***	0.0051 ***	0.0101 ***	0.0688 ***	0.0058 ***
	(0.0019)	(0.0231)	(0.0017)	(0.0020)	(0.0246)	(0.0018)
LEV_t	0.0001	0.0030 *	– 0.0001	0.0001	0.0029 *	– 0.0001
	(0.0001)	(0.0016)	(0.0001)	(0.0001)	(0.0016)	(0.0001)
$SIZE_t$	0.0105 ***	0.0455 **	0.0076 ***	0.0127 ***	0.0578 **	0.0091 ***
	(0.0025)	(0.0192)	(0.0024)	(0.0028)	(0.0231)	(0.0026)
截距	– 0.1692 ***	– 1.3551 ***	– 0.0825	– 0.2138 ***	– 1.6053 ***	– 0.1131 *
	(0.0592)	(0.5228)	(0.0554)	(0.0630)	(0.5988)	(0.0584)
年度	控制	控制	控制	控制	控制	控制
行业	控制	控制	控制	控制	控制	控制
样本量	2148	2148	2148	2148	2148	2148
Adj – R^2	0.129	0.183	0.167	0.131	0.191	0.168
F 值	9.608	8.944	9.929	8.800	8.369	9.229

1. *、**、*** 分别表示在 10%、5% 和 1% 水平上显著；2. Adj – R^2 为调整后的模型拟合优度。

例的系数不显著，假说 6 – 5a 通过了检验；回归 6 在回归 4 的基础上加入了自由现金流，基金持股比例系数在 10% 的水平上显著为负，自由现金流与过度投资显著正相关，结合回归 4 和回归 5 的结果可知，自由现金流在基金持股比例与过度投资之间发挥了中介作用，假说 6 – 6a 得到了验证。

在表 6-16 中还可以看到，企业内部经营活动现金流与过度投资之间存在负相关关系，但并不稳定；托宾 Q 值与过度投资正相关，说明具有较好投资机会的公司更有可能发生过度投资；资产负债率与过度投资正相关，但并不显著，说明我国上市公司的过度投资主要由融资约束引起，公司规模与过度投资显著正相关，说明大型上市公司更有可能出现过度投资现象。

上述分析进一步验证了机构投资者持股会影响公司投资决策，结合上一节的结论，可以发现机构投资者持股鼓励了公司进行资本投资，并能在一定程度上抑制企业的非效率投资，但考察其对投资支出的经济后果还应进一步分析这种影响对公司价值、公司业绩的影响，这将是本书下一章的内容。

2. 机构投资者持股比例、权益资本成本与投资不足的回归结果

表 6-17 是以机构投资者持股比例为解释变量，对模型（6-3）、（6-6）、（6-7）进行回归的结果。回归 1、2、3 验证了机构投资者持股比例、权益资本成本与投资不足的回归结果，样本量为 3532 个。由回归 1 的结果可知，机构投资者持股比例与投资不足负相关，但是不显著，说明机构投资者持股能缓解公司的投资不足，假说 6-4 未通过检验；回归 2 检验了机构投资者与权益资本成本的关系，结果是机构投资者持股比例与权益资本成本负相关但不显著，机构投资者持投能有效降低公司的权益资本成本，回归 3 是对权益资本成本中介作用的第三步检验，在该回归中，机构持股比例（INST）的系数为负但不显著，权益资本成本（ECOST）的系数显著为正，说明权益资本成本越高，投资不足越严重，假说 6-7、假说 6-8 未通过验证。

表 6-17　机构投资者持股比例、权益资本成本与投资不足的回归结果

变　量	机构投资者总持股比例			不同类别机构投资者持股比例		
	回归 1	回归 2	回归 3	回归 4	回归 5	回归 6
	投资不足	权益资本成本	投资不足	投资不足	权益资本成本	投资不足
$INST_t$	-0.0066 (0.0042)	-0.0038 (0.0045)	-0.0064 (0.0042)			
FD_t				-0.0376*** (0.0104)	-0.0540*** (0.0106)	-0.0344*** (0.0104)
$NOFD_t$				-0.0029 (0.0044)	0.0020 (0.0047)	-0.0030 (0.0044)

续表

变　量	机构投资者总持股比例			不同类别机构投资者持股比例		
	回归 1	回归 2	回归 3	回归 4	回归 5	回归 6
	投资不足	权益资本成本	投资不足	投资不足	权益资本成本	投资不足
$ECOST_t$			0.0618 ***			0.0588 ***
			(0.0185)			(0.0185)
CF_t	0.0159	0.0077	0.0154	0.0189 *	0.0127	0.0181 *
	(0.0107)	(0.0109)	(0.0107)	(0.0108)	(0.0110)	(0.0108)
TQ_t	0.0021 ***	− 0.0036 ***	0.0024 ***	0.0028 ***	− 0.0026 ***	0.0029 ***
	(0.0006)	(0.0005)	(0.0006)	(0.0007)	(0.0006)	(0.0007)
LEV_t	0.0000	0.0005 ***	− 0.0000	0.0000	0.0005 ***	− 0.0000
	(0.0001)	(0.0001)	(0.0001)	(0.0001)	(0.0001)	(0.0001)
$SIZE_t$	− 0.0036 ***	− 0.0046 ***	− 0.0034 ***	− 0.0029 ***	− 0.0034 ***	− 0.0027 ***
	(0.0008)	(0.0009)	(0.0008)	(0.0009)	(0.0009)	(0.0009)
截距	0.1216 ***	0.1491 ***	0.1124 ***	0.1051 ***	0.1222 ***	0.0979 ***
	(0.0182)	(0.0198)	(0.0180)	(0.0190)	(0.0201)	(0.0188)
年度	控制	控制	控制	控制	控制	控制
行业	控制	控制	控制	控制	控制	控制
样本量	3532	3532	3532	3532	3532	3532
Adj − R^2	0.0800	0.138	0.0840	0.0821	0.143	0.0857
F 值	11.97	21.22	12.17	11.89	21.26	12.03

1. *、**、*** 分别表示在 10%、5% 和 1% 水平上显著；2. Adj − R^2 为调整后的模型拟合优度。

表 6 − 17 的回归 4、5、6 是对基金和非基金持股比例、权益资本成本、投资不足关系的检验。回归 4 中，仅基金持股比例与公司投资不足在 1% 水平上显著负相关，非基金持股比例的系数不显著，假说 6 − 4a 通过了检验；回归 5 验证了基金持股比例、非基金持股比例与权益资本成本的关系，其中基金持股比例在 1% 水平上与权益资本成本显著负相关，说明基金持股比例越高，权益资本成本越低，而非基金持股比例的系数为正且不显著，假说 6 − 7a 通过了检验；回归 6 在回归 4 的基础上加入了权益资本成本，基金持股比例仍与投资不足显著负相关，但系数小于回归 4，权益资本成本与投资不足显著正相关，结合回归 4 和回归 5 的结果可知，权益资本成本在基金持股比例与投资不足之间发挥了部分中介作用，假

说 6 - 8a 得到了验证。

控制变量中，内部现金流与投资不足程度正相关但不显著；资产负债率对投资不足的影响十分微弱，说明我国上市公司的投资不足并未因为资产负债率的增大而加重，资产负债率并不是上市公司投资不足的主要原因；资产规模与投资不足程度也呈负的相关关系，资产规模越大，投资不足程度越低。这些结果说明我国上市公司的投资不足主要是由于现金流缺乏。

（四）稳健性检验

为了检验上述研究结论的可靠性，本节还做了以下几个方面的稳健性检验。

1. 分别以过度投资和投资不足的中位数作为样本的划分点，将中位数以上的子样本作为替代样本进行检验，结果与前文一致（机构总持股比例不显著）。

表 6 - 18　稳健性检验的回归结果（1）

变量	过度投资样本			投资不足样本		
	模型 2	模型 3	模型 4	模型 2	模型 3	模型 4
	过度投资	自由现金流	过度投资	投资不足	权益资本成本	投资不足
FD_t	-0.1272***	-0.0601***	-0.1048***	-0.0483***	-0.0596***	-0.0444**
	(0.0274)	(0.0144)	(0.0269)	(0.0182)	(0.0183)	(0.0182)
$NOFD_t$	0.0006	-0.0010	0.0010	0.0027	0.0036	0.0025
	(0.0106)	(0.0055)	(0.0104)	(0.0067)	(0.0067)	(0.0067)
FCF_r_t			0.3738***			
			(0.0358)			
$ECOST_t$						0.0659***
						(0.0243)
CF_t	0.0404	1.1863***	-0.4031***	0.0274*	0.0212	0.0260*
	(0.0259)	(0.0136)	(0.0495)	(0.0157)	(0.0158)	(0.0156)
TQ_t	0.0126***	0.0060***	0.0104***	0.0030***	-0.0025***	0.0031***
	(0.0013)	(0.0007)	(0.0013)	(0.0009)	(0.0009)	(0.0009)
LEV_t	0.0002**	0.0004***	0.0000	0.0003***	0.0005***	0.0002***
	(0.0001)	(0.0000)	(0.0001)	(0.0001)	(0.0001)	(0.0001)

续表

变　量	过度投资样本			投资不足样本		
	模型 2	模型 3	模型 4	模型 2	模型 3	模型 4
	过度投资	自由现金流	过度投资	投资不足	权益资本成本	投资不足
$SIZE_t$	0.0127***	−0.0035***	0.0140***	−0.0030**	−0.0037***	−0.0028**
	(0.0020)	(0.0010)	(0.0020)	(0.0013)	(0.0013)	(0.0013)
截距	−0.1701***	−0.0359	−0.1567***	0.1270***	0.1386***	0.1179***
	(0.0460)	(0.0242)	(0.0451)	(0.0290)	(0.0293)	(0.0292)
年度	控制	控制	控制	控制	控制	控制
行业	控制	控制	控制	控制	控制	控制
样本量	2744	2744	2744	1697	1697	1697
Adj − R²	0.107	0.760	0.141	0.0498	0.151	0.0534
F 值	12.32	300.7	16.01	4.172	11.80	4.298

1. *、**、*** 分别表示相关系数在 10%、5% 和 1% 水平上显著；2. Adj − R² 为调整后的模型拟合优度；3. 括号内的值为 t 值。

2. 以"营业收入增长率"作为成长机会的替代变量，由表 6 – 19 可知，结论与前文基本一致。

表 6 – 19　稳健性检验的回归结果（2）

变　量	过度投资样本			投资不足样本		
	模型 2	模型 3	模型 4	模型 2	模型 3	模型 4
	过度投资	自由现金流	过度投资	投资不足	权益资本成本	投资不足
FD_t	−0.0740***	−0.4632***	−0.0434	−0.0362***	−0.0570***	−0.0327***
	(0.0278)	(0.0914)	(0.0273)	(0.0112)	(0.0123)	(0.0112)
$NOFD_t$	0.0027	−0.0258	0.0044	−0.0018	0.0011	−0.0019
	(0.0123)	(0.0404)	(0.0120)	(0.0043)	(0.0047)	(0.0042)
FCF_r_t			0.0661***			
			(0.0064)			
$ECOST_t$						0.0617***
						(0.0152)
CF_t	−0.0513	1.0236***	−0.1190***	0.0200**	0.0089	0.0195**
	(0.0353)	(0.1161)	(0.0351)	(0.0096)	(0.0106)	(0.0096)

续表

变　量	过度投资样本			投资不足样本		
	模型2	模型3	模型4	模型2	模型3	模型4
	过度投资	自由现金流	过度投资	投资不足	权益资本成本	投资不足
TQ_t	0.0088***	0.0639***	0.0046***	0.0020***	−0.0025***	0.0021***
	(0.0013)	(0.0044)	(0.0014)	(0.0006)	(0.0007)	(0.0006)
LEV_t	0.0001	0.0028***	−0.0001	0.0000	0.0005***	0.0000
	(0.0001)	(0.0002)	(0.0001)	(0.0000)	(0.0000)	(0.0000)
$SIZE_t$	0.0109***	0.0555***	0.0072***	−0.0043***	−0.0034***	−0.0041***
	(0.0022)	(0.0071)	(0.0021)	(0.0008)	(0.0009)	(0.0008)
截距	−0.1680***	−1.5427***	−0.0660	0.1355***	0.1228***	0.1279***
	(0.0504)	(0.1659)	(0.0502)	(0.0185)	(0.0204)	(0.0186)
年度	控制	控制	控制	控制	控制	控制
行业	控制	控制	控制	控制	控制	控制
样本量	2163	2163	2163	3568	3568	3568
$Adj - R^2$	0.124	0.184	0.165	0.0854	0.141	0.0894
F值	11.57	17.77	15.26	12.49	21.23	12.67

1. *、**、*** 分别表示相关系数在10%、5%和1%水平上显著；2. $Adj - R^2$ 为调整后的模型拟合优度；3. 括号内的值为t值。

3. 以"长期股权投资、固定资产、无形资产三者的变动额/平均总资产"作为资本投资水平的替代变量衡量非效率投资，由表6－20可知，结论与前文基本一致。

表6－20　稳健性检验的回归结果（3）

变　量	过度投资样本			投资不足样本		
	模型2	模型3	模型4	模型2	模型3	模型4
	过度投资	自由现金流	过度投资	投资不足	权益资本成本	投资不足
FD_t	−0.0998***	−0.5338***	−0.0691**	−0.0479***	−0.0581***	−0.0441***
	(0.0289)	(0.1027)	(0.0285)	(0.0096)	(0.0117)	(0.0097)
$NOFD_t$	−0.0177	−0.0343	−0.0158	−0.0001	0.0027	−0.0003
	(0.0124)	(0.0440)	(0.0121)	(0.0037)	(0.0045)	(0.0037)
FCF_r_t			0.0576***			
			(0.0064)			

续表

变 量	过度投资样本			投资不足样本		
	模型 2	模型 3	模型 4	模型 2	模型 3	模型 4
	过度投资	自由现金流	过度投资	投资不足	权益资本成本	投资不足
$ECOST_t$						0.0639***
						(0.0135)
CF_t	−0.0036	0.9458***	−0.0581	0.0119	0.0085	0.0114
	(0.0376)	(0.1336)	(0.0373)	(0.0084)	(0.0102)	(0.0083)
TQ_t	0.0083***	0.0722***	0.0041***	0.0016***	−0.0028***	0.0017***
	(0.0014)	(0.0049)	(0.0014)	(0.0005)	(0.0006)	(0.0005)
LEV_t	0.0001	0.0030***	−0.0001	0.0000	0.0005***	0.0000
	(0.0001)	(0.0003)	(0.0001)	(0.0000)	(0.0000)	(0.0000)
$SIZE_t$	0.0100***	0.0643***	0.0063***	−0.0041***	−0.0037***	−0.0039***
	(0.0023)	(0.0081)	(0.0023)	(0.0007)	(0.0009)	(0.0007)
截距	−0.1550***	−1.7369***	−0.0548	0.1283***	0.1271***	0.1202***
	(0.0523)	(0.1856)	(0.0523)	(0.0162)	(0.0197)	(0.0162)
年度	控制	控制	控制	控制	控制	控制
行业	控制	控制	控制	控制	控制	控制
样本量	1903	1903	1903	3746	3746	3746
Adj − R²	0.143	0.194	0.178	0.109	0.151	0.114
F 值	11.93	16.81	14.76	16.73	24.05	17.02

1. *、**、*** 分别表示相关系数在 10%、5% 和 1% 水平上显著；2. Adj − R² 为调整后的模型拟合优度；3. 括号内的值为 t 值。

4. 以季度数据进行过度投资样本的回归，由表 6 − 21 可知，结论与前文基本一致。

表 6 − 21 稳健性检验的回归结果 (4)

变 量	过度投资样本		
	模型 2	模型 3	模型 4
	过度投资	自由现金流	过度投资
FD_t	−0.0124*	−0.1715***	−0.0122*
	(0.0068)	(0.0584)	(0.0068)

续表

变 量	过度投资样本		
	模型 2	模型 3	模型 4
	过度投资	自由现金流	过度投资
$NOFD_t$	0.0007	0.0155	0.0006
	(0.0032)	(0.0275)	(0.0032)
FCF_r_t			0.0015
			(0.0013)
CF_t	0.1439***	0.8349***	0.1427***
	(0.0069)	(0.0590)	(0.0070)
TQ_t	0.0015***	0.0174***	0.0015***
	(0.0003)	(0.0026)	(0.0003)
LEV_t	−0.0031***	−0.0045	−0.0031***
	(0.0011)	(0.0093)	(0.0011)
$SIZE_t$	−0.0004	0.0174***	−0.0004
	(0.0005)	(0.0045)	(0.0005)
截距	0.0245**	−0.3925***	0.0251**
	(0.0115)	(0.0991)	(0.0116)
季度	控制	控制	控制
行业	控制	控制	控制
样本量	7534	7534	7534
Adj − R²	0.0641	0.0337	0.0641
F 值	86.93	44.82	74.70

1. *、**、*** 分别表示相关系数在 10%、5% 和 1% 水平上显著；2. Adj − R² 为调整后的模型拟合优度；3. 括号内的值为 t 值。

第三节 本章小结

近年来，机构投资者不断发展壮大，正逐渐成为资本市场上举足轻重的力量，它们在公司治理方面的作用也日益受到重视。

本章首先考察了机构投资者持股对上市公司投资支出的影响，并分析了机构投资者对控股股东"掏空"行为的治理作用；其次，为了检验机构投资者在公司投资效率方面的影响，本章以 2007 ~ 2014 年 A 股上市公司为研究样本，先以托宾 Q 作为成长机会的替代变量，加入其他控制变量，计算得出公司的理想投资水平，然后以模型回归残差衡量非效率投资的程度，最后检验了机构投资者持股比例与非效率投资的相关关系，以及自由现金流和权益资本成本在二者之间的中介作用，主要结论如下。

第一，我国机构投资者中的基金持股能有效抑制大股东"掏空"行为，促进上市公司投资支出。承接对机构投资者持股偏好及信息优势的分析，本章还检验了机构投资者是否能在自身信息优势的基础上，促使上市公司做出科学的经营决策，进而对大股东产生一定的制衡作用。研究结论表明，在样本区间内，我国第一大股东持股比例与上市公司投资支出呈负相关关系，而基金持股比例与上市公司投资支出呈现显著的正相关关系，验证了本章关于机构投资者能抑制大股东"掏空"行为、促进上市公司投资支出的假说。

第二，从本章的实证结果来看，机构投资者能够有效抑制上市公司的非效率投资行为。随着我国机构投资者规模壮大、实力增强，在资本市场上的地位日益提高，机构投资者不仅有意愿而且有能力监督上市公司的非效率投资行为，能在一定程度上缓解上市公司的代理问题，有效地采用"用手投票"的方式发挥积极的治理作用，这为我国继续大力发展机构投资者、进一步推进保险资金和社保资金入市等政策都提供了有力的依据。

第三，机构投资者具有异质性，相对于非基金而言，基金能发挥积极监督作用，抑制大股东的"掏空"行为，且对企业的过度投资和投资不足都有显著的抑制作用。说明基金在机构投资者整体中发挥着重要作用，应支持证券投资基金的发展，制定更有利于基金发挥股东积极主义的政策，同时，对其他类别的机构投资者也应注意引导，以促进上市公司和资本市场的健康发展。

第四，机构投资者治理企业的非效率投资存在不同的路径。对于企业的过度投资，机构投资者主要通过减少公司自由现金流量来达到抑制过度投资的目的；而当企业出现投资不足现象时，机构投资者持股则通过减少企业与投资人的信息不对称程度，降低企业股权融资成本，使企业的投资不足得以缓解。这些结论有利于进一步分析和了解机构投资者发挥治理作用的机制和路径，为制定推进机构投资者发展的政策提供更为深入的经验证据。

此外，我们发现，我国上市公司普遍存在非效率投资的现象，其中投资不足现象多于过度投资，但过度投资对上市公司的影响程度大于投资不足。

上述研究结论，对进一步提高我国上市公司治理水平，提升企业投资效率及决策质量具有重要的理论价值和实践价值，同时，也为我国大力发展机构投资者的相关政策提供了理论和实践依据。基于当下我国资本市场尚未发展完善的现状，本书提出如下建议。

第一，优化上市公司股权结构，促使股权集中度保持在适度范围之内。2007～2014 年，我国上市公司第一大股东持股比例虽然呈下降趋势，但一直维持在 36% 左右的较高水平，高度集中的股权结构可能带来控股股东利益侵占问题，降低上市公司治理水平，降低投资支出水平和投资效率，影响上市公司的健康、长远发展，不利于对中小投资者利益的保护，最终将不利于资本市场的健康发展。

第二，大力培育和引入积极型、稳定型机构投资者。积极、稳定的机构投资者具有专业优势、信息优势、规模优势，有能力监督上市公司管理层和控股股东，促进上市公司的有效投资，减少盲目投资，缓解投资不足，抑制大股东的掏空行为，因此，应进一步培育战略投资者。

第七章　机构投资者持股、公司投资与公司业绩：经济后果分析

机构投资者参与公司治理的途径很多，作为介于大股东与中小股东之间的外部股东，机构投资者在一定程度上可以降低大股东掏空行为对公司投资支出的抑制作用，促进公司的长期投资支出，并且，机构投资者在促进长期投资支出的同时，能在一定程度上提升上市公司的投资效率，抑制过度投资，缓解投资不足。在进一步对机构投资者治理投资效率进行分析时，我们发现，机构投资者能通过减少企业的自由现金流抑制过度投资，而在投资不足方面，则是通过降低企业权益资本成本来缓解投资不足。从上述结论可知，机构投资者对企业的投资支出充分发挥了治理作用，但这种治理作用的经济后果如何，尚需通过检验其与公司绩效的关系来证明。

第一节　理论分析与假说发展

一　机构投资者与公司业绩

所有权结构如何影响公司治理并最终影响公司价值，历来备受学术界关注。股权过于集中，公司控制权掌握在少数大股东手中，不利于中小股东权益的保护。由于股权集中，监督管理层的股东将承担监督的全部成本，却只能按所持股份获取由监督活动带来的收益，由此造成股东对于管理层的监督存在成本与收益不对称，很可能导致大宗持股股东的利益侵占行为，从而对公司价值造成不良影响（Shleifer and Vishny，1997：780）。而股权过于分散，则不利于对管理层的监督。1932 年，伯利和米恩斯指

出，公司管理层在公司中不拥有股份时，与股东之间会存在潜在的利益冲突，所以，当外部股东持股较为分散的时候，小股东的搭便车行为会使管理当局的自利行为愈演愈烈。

作为介乎大股东与中小股东之间的持股比例相对较高的投资者，机构投资者能平衡股权结构，改善公司治理，并提升公司价值。2006 年，证监会公布《中国上市公司治理准则》，其中第十一条规定："机构投资者应在公司董事选任、经营者激励与监督、重大事项决策等方面发挥作用。"罗党论和唐清泉（2005：75）分析得出，理想的股权结构是多个大股东同时存在，大股东之间相互监督，控制私人收益，机构投资者作为持有股权比例相对较高的投资者类型，往往具备与大股东抗衡的能力，在公司治理中发挥积极作用。

随着机构投资者在上市公司中持股比例的不断上升，消极"用脚投票"方式的成本越来越高，而积极参与公司治理，从主观意愿及客观利益上，都日益成为符合机构投资者目标的更好选择，这种积极参与公司治理的行为，使上市公司的各项决策更符合公司长远利益，也能在一定程度上促进公司业绩的提高。实证研究大多表明，机构投资者能发挥监管者的作用，积极参与公司治理，促进公司价值的提升，Opler 和 Sokobin（1995：15）研究发现，机构投资者通过积极参与上市公司治理结构改革，对上市公司长期绩效有显著的促进作用。Chaganti 和 Damanpour（1991：486）的研究结论表明机构投资者持股比例与净资产收益率存在显著正相关关系。Miguel 等（2008：428）则发现机构投资者持股比例与总资产收益率显著正相关。Kaplan 和 Stromberg（2001：12）指出，相对于个人投资者，机构投资者更有能力监控公司的日常经营活动，促进公司价值的增加，提升公司的经营业绩。我国学者也在机构投资者与公司业绩的关系方面做出了丰富的研究，肖星和王琨（2005：73）研究得出证券投资基金以"用脚投票"和"用手投票"两种方式参与了公司治理，在选股阶段，机构投资者偏好业绩优良的上市公司；而在持股过程中，机构投资者有利于上市公司经营业绩的提高。邵颖红等（2006：33）研究发现机构投资者持股比例与上市公司绩效存在正的相关关系，认为机构投资者在上市公司治理方面已有一定程度的重视，有参与公司治理的意愿与动力。穆林娟和张红（2008：79）分别以净资产收益率和每股收益为因变量进行实证分析，结果证明机构投资者对提升企业业绩、改善公司治理有积极的作用。李维安和李滨（2008：4）研究证明当期和上一期机构投资者持股均能提高上市公司业绩。唐松莲（2009：）表明，我国机构投资者具有信息优势，在持股比例较高或机构持股数目较多的公司中，机构投资者起到了提升公司业绩的作用。国政、阮青松（2010：163）使用股权分置改革后的数据（2007~2009年）分析了机构投资者持股比例与公司价值的关系，发现二者之间存在正的相关关系。傅强、邱建华（2010：172）的结果也表明机构投资者持股量与公司业绩存在正相关关系。

基于此，我们提出如下假说：

假说7-1a：在其他条件相同的情况下，机构投资者持股比例与公司业绩成正的相关关系。

如前所述，基金是机构投资者中最大的主体，无论从规模、持股时间还是投资策略、信息成本来看，基金都应更能发挥积极监督作用，促进公司业绩的提升。有不少学者从机构投资者的异质性出发，研究了机构投资者与公司业绩之间的关系。宋渊洋、唐跃军（2009：56）以持股比例高低对机构投资者进行了划分，研究结论指出，持股比例越高的机构投资者，如基金、券商，越有动机和能力提升公司业绩，持股比例低的机构投资者，如信托公司、保险公司，与公司业绩之间无显著相关性，主要作用于短期的业绩。钱露（2010：60）、袁蓉丽等（2010：110）以机构投资者是否独立来考察不同的机构投资者与公司业绩的关系，并指出，与公司没有业务联系的独立机构投资者如证券投资基金，能积极参与公司治理，缓解代理问题，提高公司的经营业绩和市场价值，与公司有潜在的业务联系和利益关系的证券公司，则不会影响公司治理。基于此，本书提出如下假说：

假说7-1b：与非基金持股相比，基金持股比例与公司业绩成正的相关关系。

二　机构投资者、投资支出与公司业绩

现有文献的研究结果表明，合理的扩张速度会增加企业价值和股东财富。例如，有文献发现，当企业所进行的投资是计划内的投资时，投资者会给予积极的反应（McConnell and Muscarella, 1985：406）。但在现实中，由于信息不对称和融资约束等问题，企业往往表现出投资非效率的异化行为，这种异化的投资行为最终会表现在公司绩效上，给企业价值带来显著的负面影响，过度投资的企业表现为选择净现值为负的投资项目，而投资不足的企业则会被迫放弃获利机会（Yang, 2005：11），前者使投资净收益为负，无法实现企业增值，后者使企业的资金不能得到更有效率的运用，有损公司业绩的提升。Jensen（1993：840）曾明确指出，过度投资企业的投资行为与公司业绩和市场价值都显著负相关。

在上一章中，我们发现机构投资者促进了企业的投资支出，进一步从投资效率的角度进行研究，我们发现，机构投资者对投资支出的促进有利于投资效率的提升，机构投资者持股一方面通过减少公司自由现金流来抑制过度投资，另一方面通过降低权益资本成本缓解投资不足，二者相辅相成，在促进了投资支出水平提升的同时，使投资效率有了合理的保证，这必将促进公司价值的提升，因此，投资支出在机构投资者与公司业绩之间应发挥中介作用。基于此，我们提出如下假说：

假说 7 - 2a：在其他条件相同的情况下，机构投资者能通过对公司投资支出的影响，促进公司业绩增长。

假说 7 - 2b：与非基金持股相比，基金持股比例对公司投资支出的影响更显著，并能促进公司业绩增长。

第二节　研究设计

一　样本选择和数据来源

本章的财务数据、股权结构数据、机构投资者持股数据等来自北京聚

源锐思数据科技有限公司开发的锐思数据库，股票交易数据来自香港理工大学与深圳国泰安信息技术有限公司联合开发的 CSMAR 数据系统。首先，本章选定 2007 ~ 2014 年上市公司的数据作为研究对象。选择以 2007 年为起点是由于我国股权分置改革于 2006 年基本完成；其次，考虑到金融类上市公司的特殊性，样本中剔除了金融类公司；再次，剔除了 ST、＊ST 等非正常交易状态下的上市公司；最后，在数据收集及整理过程中，剔除了数据缺失的企业，最终选定的样本公司为 15131 家。

二　模型设计与变量说明

为了验证假说 7 - 1，本章以公司业绩为被解释变量，机构投资者持股比例为解释变量，同时加入相关的控制变量，构建模型 7 - 1 检验机构投资者持股比例与公司业绩的关系：

$$ROA/ROE = \beta_0 + \beta_1 INS_{t-1} + \beta_2 INDD_{t-1} + \beta_3 BSIZE_{t-1} + \beta_4 LEV_{t-1} +$$
$$\beta_5 SIZE_{t-1} + \beta_6 GROW_{t-1} + \sum IND + \sum YEAR + \varepsilon \qquad (7-1)$$

为了在一定程度上消除内生性，机构投资者持股比例（INS）及控制变量均采用滞后一期数据。

为了验证假说 7 - 2，检验机构投资者持股比例对投资支出的促进作用对公司价值的影响，本章分别以资产收益率等为因变量，以机构投资者持股比例及投资支出为观测变量，在控制其他影响因素的基础上，构建了模型 7 - 2 和 7 - 3。

$$INV = \beta_0 + \beta_1 INS_{t-1} + \beta_2 INDD_{t-1} + \beta_3 BSIZE_{t-1} + \beta_4 LEV_{t-1} + \beta_5 SIZE_{t-1} +$$
$$\beta_6 GROW_{t-1} + \sum IND + \sum YEAR + \varepsilon \qquad (7-2)$$

$$ROA/ROE = \beta_0 + \beta_1 INS_{t-1} + \beta_2 INV_{t-1} + \beta_3 INDD_{t-1} + \beta_4 BSIZE_{t-1} + \beta_5 LEV_{t-1} +$$
$$\beta_6 SIZE_{t-1} + \beta_7 GROW_{t-1} + \sum IND + \sum YEAR + \varepsilon \qquad (7-3)$$

模型中各变量的具体含义如下。

1. 被解释变量

已有研究中衡量公司业绩的指标较多，有不少研究采用 Tobin'Q 作为公司业绩的替代变量，但该指标内含公司的成长性，很难反映我国盈余业绩的真实情况（陈小悦和徐晓东，2001：6），为保证全面性和可比性，参照 Chaganti 和 Damanpour（1991：482）、Cornett 等（2007：1785）的研究成果，本章选取两个业绩衡量指标：总资产收益率（ROA）和净资产收益率（ROE）。

2. 解释变量

机构投资者持股比例、基金持股比例、非基金持股比例均同前。

3. 控制变量

以前的研究发现，以下变量可能会影响公司业绩，于是笔者在本模型中设置了如下控制变量。

（1）董事会的独立性（INDD）：独立董事占董事会的比例。王跃堂、赵子夜、魏晓雁（2006：65）研究表明该指标与公司业绩显著正相关。

（2）董事会规模（BSIZE）：董事会的董事人数。目前，董事会规模的大小与公司治理之间的关系仍存在争议。有研究表明，过多的董事往往意味着董事会的决策常常是董事之间的互相妥协，会降低公司的开拓性和创新力。董事会规模越大，其效率越差（Jensen，1993：831；Yermack，1996：199）。但是 Coles 等（2008：345）指出董事会规模与托宾 Q 值之间呈 U 形关系。

（3）资产负债率（LEV）：公司总负债与总资产之比。公司债务水平对其经营业绩有显著的负面影响（Vafeas，1999：130），但目前在我国，拥有较好业绩的公司更易从银行获得贷款，因此较高的资产负债率也可能是上市公司业绩较好的反映。

（4）公司规模（SIZE）：年末总资产的自然对数。一般而言，公司规模越大，代理问题可能越严重，会对公司业绩产生负面影响（Jaggi and Tsui，2007：199），Yermack（1996：199）发现公司规模与超额经营收益呈负的相关关系。

（5）营业收入增长率（GROW）：（本年营业收入 - 上年营业收入）／上年营业收入。

（6）年度变量（YEAR）：为控制宏观经济及政府政策等影响，模型加入年度哑变量。

（7）行业变量（IND）：控制行业效应。

表 7 - 1 是模型中的变量说明。

表 7 - 1　变量说明表

名　　称	符　号	定　　义
被解释变量:		
总资产收益率	ROA	公司净利润与其总资产之比率
净资产收益率	ROE	公司净利润与其净资产之比率
解释变量:	INS	
机构持股比例	INST	机构持股数占流通股数之比
基金持股比例	FD	基金持股数占流通股数之比
非基金持股比例	NFD	非基金持股数占流通股数之比
控制变量:		
董事会独立性	INDD	独立董事占董事会的比例
董事会规模	BSIZE	董事会的董事人数
资产负债率	LEV	公司总负债/总资产
公司规模	SIZE	总资产取自然对数
营业收入增长率	GROW	(本年营业收入 - 上年营业收入)/上年营业收入
年度	YEAR	年度虚拟变量
行业	IND	行业虚拟变量

第三节　实证结果

一　描述性统计

表 7 - 2 是模型中所有变量在 2007~2014 年的描述性统计。从表中可以看出, 上市公司业绩表现 (ROA、ROE) 比较均衡, 均值与中位数相差不大; 机构投资者以少量持股居多, 但最高值也达到 78%; 在公司治理方面, 独立董事的比例均值为 36%, 董事会规模平均 11 人以上, 符合我国上市公司治理的相关要求; 在公司财务指标方面, 主营业务收入增长率均值为 23%, 中位数为 15%, 说明虽然大部分上市公司的业务增长率不高, 但部分企业在业务收入方面有不俗的表现。

表 7 – 2   变量描述性统计

	样本量	均　　值	标准差	最小值	中位数	最大值
ROA	15131	0.05	0.07	– 0.36	0.04	0.38
ROE	15131	0.07	0.15	– 0.82	0.07	0.54
INST	15131	0.180	0.190	0	0.110	0.780
FD	15131	0.0400	0.0700	0	0.0100	0.300
NFD	15131	0.130	0.180	0	0.0500	0.750
INDD	15131	35.67	9.600	12.50	33.33	66.67
BSIZE	15131	11.44	3.960	1	11	42
LEV	15131	45.80	24	4.540	45.97	285.7
SIZE	15131	21.55	1.330	15.58	21.44	25.15
GROW	15131	0.230	0.550	– 0.690	0.150	4.100
INV	15131	0.0500	0.100	– 0.260	0.0300	0.510

二　相关性分析

表 7 – 3 是模型中主要变量的 Pearson 线性相关系数。从表中可以看出，被解释变量（ROA、ROE）与各自变量之间的相关系数大多显著异于零，表明模型设定合理。从机构投资者持股比例与被解释变量的关系来看，机构投资者整体持股比例（INST）与公司业绩（ROA）负相关但不显著，与 ROE 显著正相关；基金持股比例（FD）与公司业绩（ROA、ROE）均显著正相关，非基金持股比例则相反，与假说的预期基本相符；投资支出率与公司业绩显著正相关，说明投资支出是公司价值增长的源泉，尽管可能存在非效率投资的客观现实，但整体上来看，投资支出仍是公司财富增加的原动力；机构投资者整体持股比例与投资支出率显著正相关，基金、非基金持股比例与投资支出率的关系均不显著，但上述相关关系还需在多元回归分析中进一步验证。各自变量之间的偏相关系数均不大，总体在 0.3 以下，说明回归模型多重共线性问题并不严重。

三　多元回归结果分析

（一）机构投资者持股比例、投资支出与公司业绩

表 7 – 4 是模型（7 – 1、7 – 2、7 – 3）的回归结果，自变量为机构投

表 7 - 3　主要变量的相关系数表

	ROA	ROE	INST	FD	NFD	INDD	BSIZE	LEV	SIZE	GROW	INV
ROA	1										
ROE	0.825***	1									
INST	-0.00100	0.0152*	1								
FD	0.203***	0.193***	0.294***	1							
NFD	-0.0819***	-0.0606***	0.922***	-0.0923***	1						
INDD	0.0349***	0.00680	-0.0390***	-0.00510	-0.0392***	1					
BSIZE	-0.179***	-0.0931***	0.0992***	0.0668***	0.0776***	-0.321***	1				
LEV	-0.172***	-0.0103	0.0181**	-0.0163**	0.0237***	-0.0925***	0.241***	1			
SIZE	-0.162***	-0.00840	0.119***	0.274***	0.0188***	-0.0309***	0.297***	0.332***	1		
GROW	0.145***	0.146***	0.0206**	0.0657***	-0.00420	-0.000900	-0.00260	0.0973***	0.0189**	1	
INV	0.0953***	0.0886***	0.0343***	0.0987	-0.00270	0.0296***	-0.0639***	-0.0449***	0.0961***	0.252***	1

表 7 – 4　机构投资者持股、投资支出与公司业绩的回归结果

变　量	(1)	(2)	(3)	(4)	(5)
	ROA	ROE	INV	ROA	ROE
INST	0.0172 ***	0.0335 ***	0.0111 **	0.0168 ***	0.0327 ***
	(0.0030)	(0.0065)	(0.0043)	(0.0030)	(0.0065)
INV				0.0317 ***	0.0753 ***
				(0.0068)	(0.0153)
INDD	– 0.0002 **	– 0.0004 ***	0.0000	– 0.0002 **	– 0.0004 ***
	(0.0001)	(0.0001)	(0.0001)	(0.0001)	(0.0001)
BSIZE	– 0.0023 ***	– 0.0042 ***	– 0.0025 ***	– 0.0022 ***	– 0.0040 ***
	(0.0002)	(0.0004)	(0.0002)	(0.0002)	(0.0004)
LEV	– 0.0003 ***	– 0.0001	– 0.0003 ***	– 0.0003 ***	– 0.0001
	(0.0001)	(0.0001)	(0.0000)	(0.0001)	(0.0001)
SIZE	– 0.0036 ***	0.0031 **	0.0115 ***	– 0.0040 ***	0.0022
	(0.0008)	(0.0015)	(0.0008)	(0.0007)	(0.0015)
GROW	0.0195 ***	0.0388 ***	0.0496 ***	0.0179 ***	0.0351 ***
	(0.0015)	(0.0031)	(0.0029)	(0.0015)	(0.0032)
截距	0.1293 ***	– 0.0171	– 0.1601 ***	0.1344 ***	– 0.0050
	(0.0143)	(0.0288)	(0.0163)	(0.0143)	(0.0288)
年度	控制	控制	控制	控制	控制
行业	控制	控制	控制	控制	控制
样本量	15131	15131	15131	15131	15131
Adj – R²	0.116	0.0567	0.132	0.118	0.0590
F 值	53.21	29.91	83.39	52.36	29.93

　　1. *、**、*** 分别表示相关系数在10%、5%和1%水平上显著；2. Adj – R² 为调整后的模型拟合优度；3. 括号内的值为标准差。

资者持股比例，其中回归1、3、4是验证机构投资者持股比例、投资支出与公司业绩 ROA 的关系，回归2、3、5 则验证了机构投资者持股比例、投资支出与公司业绩 ROE 的关系，样本量为15131。从表中回归1和回归2 的结果可以看出，2007～2010 年，机构投资者持股比例与总资产报酬率（ROA）、净资产报酬率（ROE）的系数在1%水平上显著为正，由于回归中采用的是滞后一期的机构投资者持股比例，可以认为，机构投资者持股对公司业绩有着十分明显而稳定的促进作用，与我们的假说 7 – 1a 一致，

也与 Kaplan 和 Stromberg（2001：10）的研究结果一致，后者研究发现，机构投资者与个人相比，更有能力监控上市公司的日常经营活动，从而提高公司的经营业绩。肖星和王琨（2005：73）发现证券投资基金对公司业绩的改善起到了促进作用，也与本章结论一致，但与 Woidtke（2002：99）、傅勇和谭松涛（2008：88）的结论不一致，这可能是研究区间不同所致。

这一结果表明，机构投资者对于提高上市公司的公司价值起到了一定的积极作用。在后股改时期，机构投资者为维护自身利益，更有动力和能力去监督上市公司经营，促进上市公司的长远发展。作为外部投资者，机构投资者在上市公司中持股比例提高，参与公司治理的积极性和有效性必然得到提高，监督力量加强，一方面，能及时阻止管理层的自利行为，另一方面，对大股东与中小股东的利益分配也起到一定的均衡作用，有利于降低代理成本，改善公司治理水平，从而提高公司的经营业绩。

表 7-4 的回归 3 验证的是机构投资者持股与投资支出率的关系，可以看出，机构投资者持股比例与投资支出在 1% 的水平上显著正相关，与上一章的结论相符，说明机构投资者持股较为稳定地促进了上市公司的投资支出。

表 7-4 的回归 4、5 是验证投资支出中介作用的第三步，在两个回归中，投资支出率均与公司业绩在 1% 的水平上显著正相关，说明企业的投资支出促进了公司业绩的增长，是企业价值增值的源泉；机构投资者持股比例与公司业绩也在 1% 的水平上显著正相关，并且机构投资者持股比例的系数在回归 4 中为 0.0168，小于回归 1 中的 0.0172，回归 5 的 0.0327 小于回归 2 的 0.0335，说明机构投资者持股在直接促进公司业绩增长外，还间接地通过促进投资支出提升了公司业绩。假说 7-2a 得到验证。

公司治理变量及公司特征等变量方面，董事独立性（INDD）与公司业绩呈负相关关系，与投资支出的相关关系不显著，董事会规模（BSIZE）与投资支出、公司业绩均呈负相关关系，独立董事和董事会并没有发挥有效的治理作用；从整体上看，公司规模和债务水平在一定程度上抑制了投资支出及经营业绩的增长；而营业收入增长率与公司业绩和投资支出均呈正向的相关关系，说明营业收入的增长促进了二者的增长。

（二）异质机构投资者持股比例、投资支出与公司业绩

表 7 – 5、表 7 – 6 是对异质机构投资者作用的检验结果，分别以基金持股比例、非基金持股比例为自变量。

表 7 – 5　基金持股比例、投资支出与公司业绩的回归结果

变　　量	(1) ROA	(2) ROE	(3) INV	(4) ROA	(5) ROE
FD	0.2512*** (0.0081)	0.4417*** (0.0139)	0.0845*** (0.0120)	0.2493*** (0.0081)	0.4366*** (0.0140)
INV				0.0231*** (0.0067)	0.0604*** (0.0151)
INDD	−0.0001** (0.0001)	−0.0004*** (0.0001)	0.0000 (0.0001)	−0.0001** (0.0001)	−0.0004*** (0.0001)
BSIZE	−0.0023*** (0.0002)	−0.0042*** (0.0004)	−0.0025*** (0.0002)	−0.0023*** (0.0002)	−0.0040*** (0.0004)
LEV	−0.0002*** (0.0001)	0.0001 (0.0001)	−0.0003*** (0.0000)	−0.0002*** (0.0001)	0.0001 (0.0001)
SIZE	−0.0083*** (0.0008)	−0.0051*** (0.0015)	0.0100*** (0.0008)	−0.0085*** (0.0008)	−0.0057*** (0.0015)
GROW	0.0175*** (0.0014)	0.0354*** (0.0030)	0.0490*** (0.0029)	0.0164*** (0.0015)	0.0325*** (0.0031)
截距	0.2163*** (0.0146)	0.1356*** (0.0293)	−0.1312*** (0.0170)	0.2194*** (0.0146)	0.1436*** (0.0293)
年度	控制	控制	控制	控制	控制
行业	控制	控制	控制	控制	控制
样本量	15131	15131	15131	15131	15131
Adj – R^2	0.166	0.0905	0.134	0.167	0.0919
F 值	98.96	68.49	56.2	95.5	66.08

　　1. *、**、***分别表示相关系数在10%、5%和1%水平上显著；2. Adj – R^2 为调整后的模型拟合优度；3. 括号内的值为标准差。

表 7 – 6　非基金持股比例、投资支出与公司业绩的回归结果

变　　量	(1) ROA	(2) ROE	(3) INV	(4) ROA	(5) ROE
NFD	−0.0158*** (0.0031)	−0.0241*** (0.0069)	0.0003 (0.0045)	−0.0158*** (0.0031)	−0.0241*** (0.0069)

续表

变 量	（1）	（2）	（3）	（4）	（5）
	ROA	ROE	INV	ROA	ROE
INV				0.0324***	0.0767***
				(0.0068)	(0.0153)
INDD	-0.0002**	-0.0004***	0.0000	-0.0002**	-0.0004***
	(0.0001)	(0.0001)	(0.0001)	(0.0001)	(0.0001)
BSIZE	-0.0022***	-0.0040***	-0.0025***	-0.0022***	-0.0038***
	(0.0002)	(0.0004)	(0.0002)	(0.0002)	(0.0004)
LEV	-0.0003***	-0.0001	-0.0003***	-0.0003***	-0.0001
	(0.0001)	(0.0001)	(0.0000)	(0.0001)	(0.0001)
SIZE	-0.0034***	0.0035**	0.0117***	-0.0038***	0.0026*
	(0.0008)	(0.0014)	(0.0008)	(0.0007)	(0.0014)
GROW	0.0196***	0.0391***	0.0497***	0.0180***	0.0353***
	(0.0015)	(0.0031)	(0.0029)	(0.0015)	(0.0032)
截距	0.1327***	-0.0125	-0.1610***	0.1379***	-0.0002
	(0.0144)	(0.0286)	(0.0164)	(0.0143)	(0.0286)
年度	控制	控制	控制	控制	控制
行业	控制	控制	控制	控制	控制
样本量	15131	15131	15131	15131	15131
Adj－R^2	0.116	0.0558	0.132	0.118	0.0582
F 值	51.55	29.15	52.72	50.75	29.2

1. *、**、***分别表示相关系数在10%、5%和1%水平上显著；2. Adj－R^{2}为调整后的模型拟合优度；3. 括号内的值为标准差。

在表7－5中，回归1、3、4验证了基金持股比例、投资支出与公司业绩 ROA 的关系，回归2、3、5则验证了基金持股比例、投资支出与公司业绩 ROE 的关系，样本量仍为15131。从回归1和回归2的结果可以看出，2007至2014年间，基金持股比例与总资产报酬率（ROA）、净资产报酬率（ROE）的系数在1%水平上显著为正，可以认为，基金持股对公司业绩有着十分明显而稳定的促进作用，回归结果表明，基金持股提高了上市公司的公司价值，与我们的假说7－1b一致。基金作为机构投资者中的主体，以其专业优势发挥了积极作用，有动力和能力去监督上市公司经营，促进上市公司的长远发展。

表7-5的回归3验证的是基金持股比例与投资支出率的关系，可以看出，基金持股比例与投资支出率在1%的水平上显著正相关，与上一章的结论相符，说明基金持股较为稳定地促进了上市公司的投资支出。

表7-5的回归4、5是验证投资支出中介作用的第三步，在这两个回归中，投资支出率均与公司业绩在1%的水平上显著正相关；基金持股比例与公司业绩的关系也在1%的水平上显著正相关，并且基金持股比例的系数在回归4中为0.2493，小于回归1中的0.2512，回归5的0.4366小于回归2的0.417，说明基金持股在直接促进公司业绩增长外，还间接地通过促进投资支出提升了公司业绩，假说7-2b得到验证。

在表7-6中，回归1、3、4验证的是非基金持股比例、投资支出与公司业绩（ROA、ROE）的关系，样本量仍为15131。从回归1和回归2的结果可以看出，2007至2014年间，非基金持股比例与总资产报酬率（ROA）、净资产报酬率（ROE）的系数在1%水平上显著为负，回归结果表明，非基金持股不但未促进上市公司价值的提升，反而不利于公司业绩的增长，与我们的假说7-1b一致，这一结果也从侧面验证出，基金持股在机构投资者中起着主导作用，它较非基金持股扮演的是更为积极的角色，监督着上市公司经营，有利于上市公司的长远发展。

表7-6的回归3验证的是非基金持股比例与投资支出率的关系，二者的系数虽然为正但不显著，说明非基金持股对上市公司投资支出的作用较弱，因此，在非基金持股对公司业绩的抑制作用中，投资支出并未发挥中介作用，假说7-2b得到验证。

在控制变量方面，基金持股、非基金持股与机构投资者持股的回归结果大致相同。

四 稳健性检验

为了检验上述研究结论的可靠性，本章以总资产收益率（ROA）、净资产收益率（ROE）为被解释变量，在如下几个方面做出改变后进行了稳健性检验。

1. 选用行业调整后的投资支出。机构投资者持股比例、投资支出与公司业绩（ROA、ROE）的回归结果见表 7 - 7，结果与前文基本一致，机构投资者持股比例与总资产报酬率、净资产报酬率均显著正相关，投资支出率在机构投资者持股与公司业绩之间发挥了中介作用，说明本章前述结论是有效的。

表 7 - 7　机构投资者持股、投资支出与公司业绩的回归结果（1 - 1）

变　　量	（1）	（2）	（3）	（4）	（5）	（6）
	ROA	INV	ROA	ROE	INV	ROE
INST	0.0172 ***	0.0138 ***	0.0168 ***	0.0335 ***	0.0138 ***	0.0326 ***
	（0.0029）	（0.0044）	（0.0029）	（0.0064）	（0.0044）	（0.0064）
INV			0.0282 ***			0.0688 ***
			（0.0054）			（0.0118）
INDD	− 0.0002 **	− 0.0000	− 0.0002 **	− 0.0004 ***	− 0.0000	− 0.0004 ***
	（0.0001）	（0.0001）	（0.0001）	（0.0001）	（0.0001）	（0.0001）
BSIZE	− 0.0023 ***	− 0.0026 ***	− 0.0022 ***	− 0.0042 ***	− 0.0026 ***	− 0.0040 ***
	（0.0002）	（0.0002）	（0.0002）	（0.0004）	（0.0002）	（0.0004）
LEV	− 0.0003 ***	− 0.0003 ***	− 0.0003 ***	− 0.0001 *	− 0.0003 ***	− 0.0001
	（0.0000）	（0.0000）	（0.0000）	（0.0001）	（0.0000）	（0.0001）
SIZE	− 0.0036 ***	0.0117 ***	− 0.0039 ***	0.0031 ***	0.0117 ***	0.0022 **
	（0.0005）	（0.0007）	（0.0005）	（0.0010）	（0.0007）	（0.0010）
GROW	0.0195 ***	0.0506 ***	0.0180 ***	0.0388 ***	0.0506 ***	0.0353 ***
	（0.0010）	（0.0015）	（0.0010）	（0.0022）	（0.0015）	（0.0023）
截距	0.1293 ***	− 0.2408 ***	0.1361 ***	− 0.0171	− 0.2408 ***	− 0.0005
	（0.0103）	（0.0157）	（0.0104）	（0.0227）	（0.0157）	（0.0229）
年度	控制	控制	控制	控制	控制	控制
行业	控制	控制	控制	控制	控制	控制
样本量	15131	15131	15131	15131	15131	15131
Adj - R²	0.116	0.114	0.118	0.0567	0.114	0.0588
F 值	72.06	70.22	70.66	33.49	70.22	33.59

1. *、**、*** 分别表示相关系数在 10%、5% 和 1% 水平上显著；2. Adj - R² 为调整后的模型拟合优度；3. 括号内的值为 t 值。

基金持股比例、投资支出与公司业绩（ROA）的回归结果见表 7 - 8 的回归 1、2、3，非基金持股比例、投资支出与公司业绩（ROA）的回归结果则列于表 7-8 回归 4、5、6。可以看出，其结果与前文基本一致，以净资产报酬率（*ROE*）为被解释变量的回归结果也与此一致（限于篇幅并未报告）。基金持股比例与总资产报酬率、净资产报酬率均显著正相关，投资支出率在基金持股与公司业绩之间发挥了中介作用，而非基金持股则与公司业绩负相关，与投资支出关系不显著。

表 7-8 基金和非基金持股比例、投资支出与公司业绩的回归结果（1-2）

变量	(1)	(2)	(3)	(4)	(5)	(6)
	ROA	INV	ROA	ROA	INV	ROA
FD/NFD	0.2512***	0.0865***	0.2495***	-0.0158***	0.0030	-0.0159***
	(0.0082)	(0.0128)	(0.0082)	(0.0030)	(0.0046)	(0.0030)
INV			0.0203***			0.0292***
			(0.0052)			(0.0054)
INDD	-0.0001***	-0.0000	-0.0001***	-0.0002***	-0.0000	-0.0002***
	(0.0001)	(0.0001)	(0.0001)	(0.0001)	(0.0001)	(0.0001)
BSIZE	-0.0023***	-0.0026***	-0.0023***	-0.0022***	-0.0026***	-0.0022***
	(0.0002)	(0.0002)	(0.0002)	(0.0002)	(0.0002)	(0.0002)
LEV	-0.0002***	-0.0003***	-0.0002***	-0.0003***	-0.0003***	-0.0003***
	(0.0000)	(0.0000)	(0.0000)	(0.0000)	(0.0000)	(0.0000)
SIZE	-0.0083***	0.0102***	-0.0085***	-0.0034***	0.0120***	-0.0037***
	(0.0005)	(0.0007)	(0.0005)	(0.0005)	(0.0007)	(0.0005)
GROW	0.0175***	0.0500***	0.0165***	0.0196***	0.0508***	0.0181***
	(0.0010)	(0.0015)	(0.0010)	(0.0010)	(0.0015)	(0.0010)
截距	0.2163***	-0.2114***	0.2206***	0.1327***	-0.2426***	0.1397***
	(0.0104)	(0.0163)	(0.0105)	(0.0104)	(0.0157)	(0.0104)
年度	控制	控制	控制	控制	控制	控制
行业	控制	控制	控制	控制	控制	控制
样本量	15131	15131	15131	15131	15131	15131
Adj-R^2	0.166	0.116	0.167	0.116	0.113	0.117
F 值	108.8	71.68	105.7	71.76	69.85	70.44

2. 以"购建现金/总资产"作为投资支出。回归结果见表 7-9、7-10，可以看出，结论与前文一致。

表7-9　机构投资者持股、投资支出与公司业绩的回归结果（2-1）

变　量	（1）	（2）	（3）	（4）	（5）	（6）
	ROA	INV	ROA	ROE	INV	ROE
INST	0.0172***	0.0037	0.0164***	0.0335***	0.0037	0.0326***
	（0.0029）	（0.0026）	（0.0029）	（0.0064）	（0.0026）	（0.0064）
INV			0.0752***			0.1418***
			（0.0091）			（0.0202）
INDD	-0.0002**	0.0001	-0.0002***	-0.0004***	0.0001	-0.0004***
	（0.0001）	（0.0001）	（0.0001）	（0.0001）	（0.0001）	（0.0001）
BSIZE	-0.0023***	-0.0014***	-0.0022***	-0.0042***	-0.0014***	-0.0040***
	（0.0002）	（0.0001）	（0.0002）	（0.0004）	（0.0001）	（0.0004）
LEV	-0.0003***	-0.0001***	-0.0003***	-0.0001*	-0.0001***	-0.0001**
	（0.0000）	（0.0000）	（0.0000）	（0.0001）	（0.0000）	（0.0001）
SIZE	-0.0036***	0.0019***	-0.0039***	0.0031***	0.0019***	0.0026**
	（0.0005）	（0.0004）	（0.0005）	（0.0010）	（0.0004）	（0.0010）
GROW	0.0195***	0.0078***	0.0189***	0.0388***	0.0078***	0.0379***
	（0.0010）	（0.0009）	（0.0010）	（0.0022）	（0.0009）	（0.0022）
截距	0.1293***	0.0533***	0.1294***	-0.0171	0.0533***	-0.0198
	（0.0103）	（0.0092）	（0.0103）	（0.0227）	（0.0092）	（0.0228）
年度	控制	控制	控制	控制	控制	控制
行业	控制	控制	控制	控制	控制	控制
样本量	15131	15097	15097	15131	15097	15097
Adj-R^2	0.116	0.0951	0.123	0.0567	0.0951	0.0601
F值	72.06	57.66	73.91	33.49	57.66	34.27

表7-10　基金和非基金持股、投资支出与公司业绩的回归结果（2-2）

变　量	（1）	（2）	（3）	（4）	（5）	（6）
	ROA	INV	ROA	ROA	INV	ROA
FD/NFD	0.4417***	0.0571***	0.4336***	-0.0158***	-0.0042	-0.0159***
	（0.0182）	（0.0074）	（0.0182）	（0.0030）	（0.0027）	（0.0030）
INV			0.1134***			0.0752***
			（0.0199）			（0.0091）
INDD	-0.0004***	0.0001	-0.0004***	-0.0002***	0.0001	-0.0002***
	（0.0001）	（0.0001）	（0.0001）	（0.0001）	（0.0001）	（0.0001）

续表

变 量	（1）	（2）	（3）	（4）	（5）	（6）
	ROA	*INV*	*ROA*	*ROA*	*INV*	*ROA*
BSIZE	− 0.0042 ***	− 0.0014 ***	− 0.0040 ***	− 0.0022 ***	− 0.0014 ***	− 0.0021 ***
	（0.0003）	（0.0001）	（0.0003）	（0.0002）	（0.0001）	（0.0002）
LEV	0.0001	− 0.0001 ***	0.0000	− 0.0003 ***	− 0.0001 ***	− 0.0004 ***
	（0.0001）	（0.0000）	（0.0001）	（0.0000）	（0.0000）	（0.0000）
SIZE	− 0.0051 ***	0.0008 *	− 0.0053 ***	− 0.0034 ***	0.0019 ***	− 0.0037 ***
	（0.0011）	（0.0004）	（0.0011）	（0.0005）	（0.0004）	（0.0005）
GROW	0.0354 ***	0.0073 ***	0.0348 ***	0.0196 ***	0.0078 ***	0.0190 ***
	（0.0022）	（0.0009）	（0.0022）	（0.0010）	（0.0009）	（0.0010）
截距	0.1356 ***	0.0732 ***	0.1323 ***	0.1327 ***	0.0543 ***	0.1330 ***
	（0.0232）	（0.0095）	（0.0233）	（0.0104）	（0.0092）	（0.0104）
年度	控制	控制	控制	控制	控制	控制
行业	控制	控制	控制	控制	控制	控制
样本量	15131	15097	15097	15131	15097	15097
Adj − R^2	0.0905	0.0985	0.0927	0.116	0.0951	0.123
F 值	54.77	59.90	54.18	71.76	57.68	73.74

第四节　本章小结

机构投资者参与公司治理的最终作用体现在公司业绩上，承接上章中对机构投资者与投资支出、机构投资者与投资效率的影响作用的检验，本章检验了机构投资者对公司业绩的影响，并通过中介作用检验法考察了投资支出在二者之间是否发挥了中介作用，结果发现机构投资者对公司业绩有促进和提高作用，机构投资者对投资支出的影响也在一定程度上提高了公司业绩，主要的研究结论如下。

第一，机构投资者与公司业绩的回归结果显示，机构总体持股比例对公司业绩有稳定而积极的影响作用，研究假设得到了支持。以总资产报酬率、净资产报酬率为被解释变量的回归中，机构投资者持股比例均显著为正，显示机构投资者在股权分置改革后发挥了积极的治理作用，促进了上市公司价值的提高。

第二，机构投资者对公司业绩的影响，部分通过影响公司投资支出起到提高公司业绩的作用，机构投资者、投资支出和公司业绩的回归结果表明，机构投资者影响下的投资支出，与上市公司业绩有正的相关关系，机构投资者对投资支出的影响有利于企业业绩的改善和提高。

第三，异质的机构投资者发挥了不同的作用。基金是机构投资者中占主导地位的机构类别，在与公司业绩的关系中发挥了主要的、积极的作用，能够直接促进公司业绩增长，并能通过促进有效的投资支出增长间接地提升公司业绩，有利于公司的长远发展，而非基金持股则尚未发挥同样的积极作用。

综合以上研究结论，从公司业绩的视角来看，我国机构投资者起到了一定的积极作用，这种积极作用部分是通过对投资支出的影响，间接地促进了公司业绩的提升。

第八章 结语

在前述各章研究的基础上，本章归纳了本书的研究结论，总结了本书的研究启示，指出了本书存在的局限性及未来的研究方向。

第一节 研究结论和启示

一 主要研究结论

通过对2007～2014年A股上市公司中机构投资者持股与公司投资支出决策、公司业绩的关系研究，本书分别从是否存在影响作用及作用效率、作用效果三方面进行了实证检验，主要研究结论如下。

第一，我国机构投资者具备一定的信息优势，能通过对上市公司相关信息的分析、鉴别，选择较具投资价值的股票，以是否投资的方式针对上市公司发挥初步的公司治理作用。究其原因，其一，我国机构投资者在进行投资决策时十分重视公司特征信息。具体表现为：对投资支出率较高的上市公司较为偏好，机构投资者持股比例与公司的成长性、赢利能力、公司规模等均显著正相关，说明机构投资者偏好成长性较好、赢利能力强、规模较大的上市公司股票。其二，上市公司的市场表现也是机构投资者决策时重点关注的信息。上市公司的股价、市场风险、流动性、回报率等均对机构投资者的持股比例具有一定的解释力。其三，机构投资者总体上偏好公司治理水平较高的企业，尤其是对会计信息质量高的公司表现出较为稳定的偏好。其四，机构投资者具有异质性。无论是在公司特征信息、市场表现信息还是公司治理水平方面，基金持股均较非基金持股表现出较为明显的相关性，表明基金持股在投资决策中具有更高的鉴别能力和价值发现能力。

第二，我国机构投资者在被投资公司的投资支出方面具有一定的治理作用，一方面，能有效抑制大股东的"掏空"行为，促使上市公司加大投资支出，另一方面，还能对上市公司的非效率投资行为进行抑制，发挥积极的治理作用。其一，我国机构投资者持股能有效抑制大股东的"掏空"行为，促使上市公司加大投资支出。承接对机构投资者持股偏好及信息优势的分析，本书还检验了机构投资者是否能在自身的信息优势基础上，促使上市公司做出科学的经营决策，对大股东有一定的制衡作用。研究结论表明，在样本区间内，第一大股东持股比例与上市公司的投资支出呈负相关关系，而我国机构投资者持股比例与上市公司的投资支出呈现显著的正相关关系，表明机构投资者能抑制大股东的"掏空"行为、促使上市公司加大投资支出。其二，机构投资者能够有效抑制上市公司的非效率投资行为。随着我国机构投资者规模壮大、实力增强，在资本市场上的地位日益提高，机构投资者不仅有意愿而且有能力监督上市公司的非效率投资行为，能在一定程度上缓解上市公司的代理问题，有效地采用"用手投票"的方式发挥积极治理作用，这为我国继续大力发展机构投资者、进一步推进保险资金和社保资金入市等政策都提供了有力的依据。其三，机构投资者治理企业的非效率投资存在不同的路径。对于企业的过度投资，机构投资者主要通过减少公司自由现金流量来达到抑制过度投资的目的；而当企业出现投资不足现象时，机构投资者则通过降低企业与投资人的信息不对称程度，降低企业股权融资成本，使企业的投资不足得以缓解。这有利于进一步分析和了解机构投资者发挥治理作用的机制和路径，为制定推进机构投资者发展的政策提供更为深入的经验证据。其四，机构投资者具有异质性，相对于非基金而言，基金能发挥积极监督作用，抑制大股东的"掏空"行为，且对企业的过度投资和投资不足都有显著的抑制作用。说明基金在机构投资者整体中发挥着重要作用，应支持证券投资基金的发展，制定更有利于基金发挥股东积极主义的政策，同时，对其他类别的机构投资者也应注意引导，以促进上市公司和资本市场的健康发展。此外，我们发现，我国上市公司普遍存在非效率投资的现象，其中投资不足多于过度投资，但过度投资对上市公司的影响程度大于投资不足。

第三，从公司业绩的视角来看，我国机构投资者起到了一定的积极作用，这种积极作用部分是通过对投资支出的影响，间接地促进了公司业绩的提升。其一，机构投资者持股比例与公司业绩的回归结果显示，机构总体持股比例对公司业绩有稳定而积极的影响作用。以总资产报酬率、净资产报酬率为被解释变量的回归中，机构投资者持股比例均显著为正，显示机构投资者在股权分置改革后，发挥了积极的治理作用，促进了上市公司价值的提高。其二，机构投资者对公司业绩的影响，部分通过影响公司投资支出起到提高公司业绩的作用，机构投资者持股比例、投资支出和公司业绩的回归结果表明，机构投资者影响下的投资支出，与上市公司业绩有正的相关关系，机构投资者对投资支出的影响有利于企业业绩的改善和提高。其三，异质的机构投资者发挥了不同的作用。基金是机构投资者中占主导地位的机构类别，在与公司业绩的关系中发挥了主要的、积极的作用，能直接促进公司业绩增长，并能通过促进有效的投资支出增长间接地提升公司业绩，有利于公司的长远发展，而非基金则尚未发挥同样的积极作用。

二　研究启示

本书综合运用理论分析与实证检验的方法，对我国上市公司机构投资者与投资支出、投资效率及公司业绩的关系进行了详尽的研究，得出上述研究结论。结合目前中国证券市场的发展形势，笔者总结了机构投资者未来的发展方向及上市公司治理方面的一些启示。

第一，创造良好的法律、治理环境，持续促进机构投资者的发展，培育多元化的机构投资者。本书的研究结论表明，机构投资者具备信息优势，在上市公司投资支出方面能抑制大股东的"掏空"行为，促使上市公司进行长期投资，并能改善投资效率，最终提高公司业绩，因此，应大力支持机构投资者的发展，具体建议有三点。其一，机构投资者在公司治理中能发挥一定的监督作用，应进一步放宽对机构投资者的法律、法规限制。美国机构投资者的发展经验表明，放松法规限制能极大地促进机构投资者行为方式的转变。目前，我国的《证券投资基金运作管理办法》规定：一只基金持有一家上市公司股票的市值不得超过基金资产净值的10%；同一基金管理人管理的全部基金持有一家公司发行的证券，不得超过该证券的10%。这一规定在很大程度上限制了机构投资者治理作用的发挥，如果持股比例不够高，受到治理成本限制，机构投资者参与公司治理的动力和意愿将大大降低，只有机构投资者持股达到一定的集中度，治理收益超过治理成本，才能激励机构投资者积极参与公司治理。公平的竞争环境和逐步提高的市场有效性，将促使机构投资者日趋专业化和理性化，形成成熟的投资理念，真正发挥公司治理的作用。其二，建立多元化的机构投资者群体，促进机构投资者良性竞争环境的形成。现有的研究表明，不同类型的机构投资者由于投资风格、风险偏好、经营理念各异，在公司治理中所能发挥的作用也不同，管理当局应放松机构投资者设立、上市和参与公司治理等方面的限制，加快发展包括开放式基金在内的各种投资基金，促进养老金等长线资金入市，建立多元化的机构投资者群体，以促进机构投资者之间的良性竞争。其三，大力培育和引入积极型、稳定型机构投资者。积极、稳定的机构投资者具有专业优势、信息优势、规模优势，有能力监督上市公司管理层和控股股东，促使上市公司增加有效投资，减少盲目投资，缓解投资不足，抑制大股东的"掏空"行为，因此，应进一步培育战略投资者。

第二，加强对机构投资者的监管，引导机构投资者进行长期价值投资，促进机构投资者在金融市场和公司治理两方面积极作用的发挥。机构投资者本质上也是市场中的理性经济人，本书对非效率投资的研究结果也说明，机构投资者并非天然的公司治理人，其选股、持股决策最终是以自身经济利益最大化为目标的，因此，在大力发展机构投资者的同时，监管层还应做到如下两点。其一，完善相应的监管法律、法规。监管层应加强对机构投资者的监控，完善备案制度、风险监控制度，建立包括机构自查、随机抽查、专项检查在内的全方位检查体系，帮助机构投资者提高风险管理能力和自律能力，并在一定程度上减少机构投资者的跟风投资、违规操作等行为。其二，引导机构投资者建立科学合理的业绩评价体系，消除短期视野，逐步树立长期投资的理念。如公募基金经常面临短期业绩排名的压力和基金份额可能随时被要求赎回的压力，可能导致其在持股风格上呈现快速多变甚至短期投机的特点，不利于金融市场的稳定和其自身治理作用的发挥。

第三，完善上市公司治理，提高上市公司决策的科学性。在现实中，我国上市公司投资非效率的现象还较为普遍，盲目多元化、重复建设等行

为屡见不鲜，上市公司决策的科学性有待提高，决策者本身的能力、素质
虽然是原因之一，但根源在于上市公司治理机制不完善，未能充分发挥应
有的激励约束作用，上市公司投资决策成为部分利益相关者谋取私人收益
的手段，公司价值最大化的目标未能成为决策标准。随着股权分置改革的
完成，未来上市公司治理还应从以下两方面不断提高。其一，优化上市公
司股权结构，促使股权集中度保持在适度范围之内，在上市公司内部形成
竞争和制衡的决策环境。股权分置改革后，同股不同权的历史格局得到根
本性的改善，股东利益也趋向统一，但"一股独大"、股权高度集中的股
权格局在短时期内仍难改变，国有上市公司的所有者"虚位"问题、代
理问题、利益冲突更加严重，公司决策很难真正以公司价值最大化为目
标。2007～2014 年，我国上市公司第一大股东持股比例虽然呈下降趋势，
但一直维持在 36% 左右的较高水平，高度集中的股权结构可能带来控股
股东利益侵占问题，降低上市公司治理水平，降低投资支出水平和投资效
率，影响上市公司健康、长远发展，不利于中小投资者利益保护，最终将
不利于资本市场的健康发展。因此，应优化上市公司股权结构，改变国有
股"一股独大"的现状，提高机构投资者持股份额，促进形成竞争、制
衡的股权结构，有利于在公司内部形成良好的决策环境，从而改善投资决
策的效率。其二，健全高管激励约束机制，解决内部人控制等治理问题。
公司管理层作为内部信息的完全掌握者，控制公司的经营决策和投资效
率，但我国上市公司激励约束机制设置不合理，受自身利益驱使，管理层
的决策行为常被扭曲，致使公司价值受损。应建立合理的高管薪酬契约机
制，提高高管持股比例，促进管理层与公司利益趋向一致，降低代理成
本，提高公司经营决策的科学性。

第二节　本书的局限性及未来研究方向

一　本书的局限性

由于时间投入和自身能力的限制，本书有关机构投资者和公司投资的
研究不可避免地存在一定的局限，有待今后进一步拓展和深化。总体来

看，笔者认为本书至少在以下几个方面存在不同程度的局限。

首先，本书的实证研究均以年度报告作为分析对象，由于机构投资者持股的迅速变化，年度数据可能无法涵盖所有相关信息，从而使研究结论不够细致、深入，甚至可能存在偏差，需要今后通过更短期的数据（如季度报告）加以佐证。

其次，本书主要从投资支出规模的角度对机构投资者与上市公司投资决策的关系进行了研究，但限于篇幅，未对投资支出具体的投向做出进一步的研究和检验。

再次，从效率、效果的角度对机构投资者与上市公司投资决策的关系进行了研究，但未对二者之间影响作用的渠道及机理做出相应的研究和检验。

最后，本书主要以机构投资者持股比例为替代变量研究其作用，度量指标不够丰富；在机构投资者的异质性方面，还可采用更为科学合理的划分方法进行深入研究。

二 未来研究方向

在未来的研究中，笔者将致力于以下几个方面的探索。

第一，关于机构投资者的研究结论，大部分都不太一致，很大程度上是因为机构投资者存在异质性，不同的机构投资者因其内部治理结构、投资风格等而表现迥异，因此，恰当地对机构投资者进行分类才能使研究结论更为准确、可靠。

第二，企业的投资活动十分复杂，但又非常重要，投资的非效率对企业甚至整个国家经济的危害不容小视，如何提高投资效率、使资源配置更加合理，是应坚持不懈寻求真知的主题之一。

第三，本书主要研究了机构投资者对上市公司投资支出产生了何种作用以及这种作用的结果，未来可进一步对这种作用的渠道和路径做进一步研究。

第四，本书仍是在传统的公司治理理论和投资理论框架基础上进行的研究，未来可结合心理学、社会学等学科的研究结论，拓宽理性人假设，从行为的角度进行研究。

参考文献

[1] ［美］玛格丽特·M.布莱尔，1999，《所有权与控制：面向21世纪的公司治理探索》，张荣刚译，中国社会科学出版社。

[2] 薄仙慧，吴联生，2009，《国有控股与机构投资者的治理效应：盈余管理视角》，《经济研究》第2期。

[3] 毕子男，2007，《机构投资者对证券市场效率影响的实证研究》，博士论文，吉林大学政治经济学系。

[4] 陈小悦，徐晓东，2001，《股权结构、企业绩效与投资者利益保护》，《经济研究》第11期。

[5] 董峰，罗莉，2011，《不同类型机构投资者持股对上市公司现金股利政策影响研究》，《会计师》第4期。

[6] 樊慧，胡奕明，龙振海，2012，《两权分离、盈余稳健性与机构投资者行业专长》，《山西财经大学学报》第34卷第2期。

[7] 范海峰，胡玉明，2010，《机构投资者持股与公司股权融资成本的实证研究》，《经济与管理研究》第2期。

[8] 范海峰，胡玉明，2013，《R&D支出、机构投资者与公司盈余管理》，《科研管理》第34卷第7期。

[9] 范海峰，胡玉明，石水平，2009，《机构投资者持股与资本支出决策关系的实证》，《山西财经大学学报》第31卷第8期。

[10] 范海峰，胡玉明，石水平，2009，《机构投资者异质性、公司治理与公司价值——来自中国证券市场的实证证据》，《证券市场导报》第10期。

[11] 傅强，邱建华，2010，《机构投资者对上市公司治理的影响》，《商

业研究》第 2 期。

[12] 傅勇，谭松涛，2008，《股权分置改革中的机构合谋与内幕交易》，《金融研究》第 3 期。

[13] 高敬忠，周晓苏，王英允，2011，《机构投资者持股对信息披露的治理作用研究——以管理层盈余预告为例》，《南开管理评论》第 5 期。

[14] 国政，阮青松，2010，《机构投资者持股与公司价值的关系研究》，《经济论坛》第 9 期。

[15] 胡国柳，蒋国洲，2004，《股权结构、公司治理与企业业绩——来自中国上市公司的新证据》，《财贸研究》第 4 期。

[16] 胡国柳，裘益政，黄景贵，2006，《股权结构与企业资本支出决策：理论与实证分析》，《管理世界》第 1 期。

[17] 霍晓萍，2015，《机构投资者类型、股权特征和资本成本》，《财贸研究》第 5 期。

[18] 计方，刘星，2011，《机构投资者持股对企业非效率投资行为的治理效应》，《财政研究》第 3 期。

[19] 江向才，2004，《公司治理与机构投资人持股之研究》，《南开管理评论》第 1 期。

[20] 李超，蔡庆丰，陈娇，2012，《机构投资者能改进上市公司高管的薪酬激励吗?》，《证券市场导报》第 1 期。

[21] 李辰颖，田治威，杨海燕，2014，《基于遗传神经网络的独立机构投资者持股偏好研究》，《统计与决策》第 24 期。

[22] 李礼，王曼舒，齐寅峰，2006，《股利政策由谁决定及其选择动因——基于中国我国上市公司的问卷调查分析》，《金融研究》第 1 期。

[23] 李锐，2009，《机构投资者对公司透明度的实证检验》，《求索》第 4 期。

[24] 李善民，王彩萍，2007，《机构持股与上市公司高级管理层薪酬关系实证研究》，《管理评论》第 19 卷第 1 期。

[25] 李维安，2000，《改革实践的呼唤：中国公司治理原则》，《中国改

革》第 10 期。

[26] 李维安，李滨，2008，《机构投资者介入公司治理效果的实证研究——基于 CCGI^{NK} 的经验研究》，《南开管理评论》 第 11 卷第 1 期。

[27] 李维安，唐跃军，2005，《上市公司利益相关者治理评价及实证研究》，《证券市场导报》 第 3 期。

[28] 李维安等，2001，《公司治理》，南开大学出版社。

[29] 李增泉，孙铮，王志伟，2004，《"掏空" 与所有权安排——来自我国上市公司大股东资金占用的经验证据》，《会计研究》 第 12 期。

[30] 李增泉，辛显刚，于旭辉，2008，《金融发展、债务融资约束与金字塔结构》，《管理世界》 第 1 期。

[31] 李争光，赵西卜，曹丰，吴青川，2015，《机构投资者异质性、会计稳健性与投资效率——来自中国上市公司的经验证据》，《当代财经》 第 2 期。

[32] 林毅夫，蔡昉，李周，1997，《现代企业制度的内涵与国有企业改革方向》，《经济研究》 第 3 期。

[33] 刘京军，徐浩萍，2012，《机构投资者：长期投资者还是短期机会主义者？》，《金融研究》 第 9 期。

[34] 刘志远，花贵如，2009，《政府控制、机构投资者持股与投资者权益保护》，第 35 卷第 4 期。

[35] 罗党论，唐清泉，2005，《大股东利益输送与投资者保护——一个分析框架》，《管理科学》 第 18 卷第 5 期。

[36] 罗真，张宗成，2004，《基金该如何分类——一个新的研究视角》，《财经科学》 第 3 期。

[37] 毛磊，王宗军，王玲玲，2011，《机构投资者与高管薪酬——中国上市公司研究》，《管理科学》 第 24 卷第 5 期。

[38] 穆林娟，张红，《机构投资者持股与上市公司业绩相关性研究——基于中国上市公司的经验数据》，《北京工商大学学报》 （社会科学报） 第 4 期。

[39] 牛建波，吴超，李胜楠，2013，《机构投资者类型、股权特征和自

愿性信息披露》,《管理评论》第 3 期。

[40] 潘敏, 金岩, 2003,《信息不对称、股权制度安排与上市企业过度投资》,《金融研究》第 1 期。

[41] 平湖, 李菁, 2000,《基金黑幕——关于基金行为的研究报告解析》,《财经》第 10 期。

[42] 齐鲁光, 韩传模, 2015,《机构投资者持股、高管权力与现金分红研究》,《中央财经大学学报》第 4 期。

[43] 钱露, 2010,《机构投资者持股与公司绩效关系研究——基于中国 A 股上市公司的证据》,《经济学动态》第 1 期。

[44] 钱颖一, 1995,《中国的企业治理结构改革和融资改革》,《经济研究》第 1 期。

[45] 邵颖红, 朱哲晗, 陈爱军, 2006,《我国机构投资者参与公司治理实证分析》,《现代管理科学》第 5 期。

[46] 石美娟, 童卫华, 2009,《机构投资者提升公司价值吗?——来自后股改时期的经验证据》,《金融研究》第 10 期。

[47] 宋常, 刘司慧, 2010,《信息披露、机构投资者持股与上市公司过度投资》,《商业研究》第 11 期。

[48] 宋玉, 李卓, 2006,《机构投资者持股比例与公司信息的相关性研究——来自中国证券市场的经验证据》,《中大管理研究》第 6 期。

[49] 宋渊洋, 唐跃军, 2009,《机构投资者有助于企业业绩改善吗?——来自 2003～2007 年中国上市公司的经验证据》,《南方经济》第 12 期。

[50] 孙永祥, 黄祖辉, 1999,《上市公司的股权结构与绩效》,《经济研究》第 12 期。

[51] 谭松涛, 傅勇, 2009,《管理层激励与机构投资者持股偏好》,《中国软科学》第 7 期。

[52] 唐松莲, 2009,《机构投资者选股能力及其持股行为的经济效果研究》, 博士学位论文, 上海交通大学会计系。

[53] 唐松莲, 胡奕明, 2011,《机构投资者关注上市公司的信息透明度吗?——基于不同类型机构投资者选股能力视角》,《管理评论》第

23 卷第 6 期。

[54] 唐松莲，林圣越，高亮亮，2015，《机构投资者持股情景、自由现金与投资效率》，《管理评论》第 27 卷第 1 期。

[55] 唐雪松，周晓苏，马如静，2007，《上市公司过度投资行为及其制约机制的实证研究》，《会计研究》第 7 期。

[56] 唐跃军，宋渊洋，2010，《价值选择 VS. 价值创造——来自中国市场机构投资者的证据》，《经济学（季刊）》第 2 期。

[57] 童盼，陆正飞，2005，《负债融资、负债来源与企业投资行为——来自中国上市公司的证据》，《经济研究》第 5 期。

[58] 汪光成，2001，《证券投资基金持股特征的实证研究》，《中国会计与财务研究》第 2 期。

[59] 王斌，解维敏，曾楚宏，2011，《机构持股、公司治理与上市公司 R&D 投入——来自中国上市公司的经验证据》，《科技进步与对策》第 28 卷第 6 期。

[60] 王成秋，2004，《投资效率研究》，博士学位论文，天津财经大学会计系。

[61] 王鸿，朱宏泉，涂瑞，2011，《机构投资者持股与应计质量相关性的资产定价——来自中国 A 股市场的证据》，《系统管理学报》第 20 卷第 4 期。

[62] 王化成，胡国柳，2004，《股权结构在公司治理中的作用及效率——文献回顾及基于中国上市公司的未来研究方向》，《湖南大学学报》（社会科学版）第 18 卷第 3 期。

[63] 王宇峰，左征婷，杨帆，2012，《机构投资者与上市公司研发投入关系的实证研究》，《中南财经政法大学学报》第 5 期。

[64] 王雨田，1988，《控制论、信息论、系统科学与哲学》，中国人民大学出版社，1988。

[65] 王跃堂，赵子夜，魏晓雁，2006，《董事会的独立性是否影响公司绩效?》，《经济研究》第 5 期。

[66] 魏锋，刘星，2004，《融资约束、不确定性对公司投资行为的影响》，《经济科学》第 2 期。

[67] 魏明海，2005，《会计信息质量经验研究的完善与运用》，《会计研究》第 3 期。

[68] 温军，冯根福，2012，《异质机构、企业性质与自主创新》，《经济研究》第 3 期。

[69] 温忠麟，张雷，侯杰泰，刘红云，2004，《中介效应检验程序及其应用》，《心理学报》第 5 期。

[70] 翁洪波，吴世农，2007，《机构投资者、公司治理与上市公司股利政策》，《中国会计评论》第 5 期。

[71] 吴敬琏，2001，《控股股东行为与公司治理》，《中国审计》第 8 期。

[72] 伍利娜，高强，彭燕，2003，《中国上市公司"异常高派现"影响因素研究》，《经济科学》第 1 期。

[73] 向海燕，王平心，2009，《机构投资者交易与股价噪音研究——兼论机构投资者市场作用》，《统计与信息论坛》第 10 期。

[74] 肖星，王琨，2005，《证券投资基金：投资者还是投机者?》，《世界经济》第 8 期。

[75] 辛清泉，林斌，杨德明，2007，《中国资本投资回报率的估算和影响因素分析——1999～2004 年上市公司的经验》，《经济学（季刊）》第 6 卷第 4 期。

[76] 徐磊，2007，《中国上市公司的投资行为与效率研究》，博士学位论文，上海交通大学企业管理系。

[77] 徐莉萍，辛宇，陈工孟，2006，《股权集中度和股权制衡及其对公司经营绩效的影响》，《经济研究》第 1 期。

[78] 徐迁，张士伟，张芳，田峰，2003，《我国基金分类体系的实证研究》，《证券市场导报》第 10 期。

[79] 徐玉德，周玮，2009，《不同资本结构与所有权安排下的投资效率测度——来自我国 A 股市场的经验证据》，《中国工业经济》第 11 期。

[80] 杨朝军，蔡明超，徐慧，2004，《中国证券投资基金风格分类研究》，《上海交通大学学报》第 38 卷第 3 期。

[81] 杨蓉，李红艳，2013，《高管控制权、自由现金流与企业投资行

为——基于中国制造业上市公司》，《上海经济研究》第 12 期。

[82] 姚颐，刘志远，2009，《机构投资者具有监督作用吗?》，《金融研究》第 6 期。

[83] 叶建芳，赵胜男，李丹蒙，2012，《机构投资者的治理角色——过度投资视角》，《证券市场导报》第 5 期。

[84] 叶松勤，徐经长，2013，《大股东控制与机构投资者的治理效应——基于投资效率视角的实证分析》，《证券市场导报》第 5 期。

[85] 伊志宏，李艳丽，高伟，2010，《异质机构投资者的治理效应：基于高管薪酬视角》，《统计与决策》第 5 期。

[86] 殷红春，曹玉贵，2006，《机构股东积极主义博弈分析及政策建议》，《北京理工大学学报》（社会科学版）第 8 卷第 3 期。

[87] 余晓东，杨治南，2001，《股东积极主义：一个博弈论的解释》，《外国经济与管理》第 23 卷第 3 期。

[88] 袁蓉丽，肖泽忠，邹宏，2010，《金融机构投资者的持股和公司业绩：基于股东积极主义的视角》，《中国软科学》第 11 期。

[89] 翟伟丽，何基报，周晖，才静涵，2010，《中国股票市场投资者交易偏好及其对股价波动的影响》，《金融评论》第 3 期。

[90] 张敏，姜付秀，2010，《机构投资者、企业产权与薪酬契约》，《世界经济》第 8 期。

[91] 张维迎，1999，《企业理论与中国企业改革》，北京大学出版社。

[92] 赵洪江，夏晖，2009，《机构投资者持股与上市公司创新行为关系实证研究》，《中国软科学》第 5 期。

[93] 郑江淮，何旭强，王华，2001，《上市公司投资的融资约束：从股权结构角度的实证分析》，《金融研究》第 11 期。

[94] 郑志刚，2004，《公司治理机制理论研究文献综述》，《南开经济研究》第 5 期。

[95] 周铨，朱洪亮，李心丹，2006，《基于因子聚类分析的基金风格分类研究》第 12 期。

[96] 朱德胜，2010，《控股股东、股权制衡与公司股利政策选择》，《山东大学学报》（哲学社会科学版）第 3 期。

[97] Aggarwal R. , Erel I. , Ferreira M. , Matos P. , 2011. "Does Governance Travel around the World? Evidence from Institutional Investors," *Journal of Financial Economics* 100 (1): 154 – 181.

[98] Alkhafaji A. F. , *A Stakeholder Approach to Corporate Governance: Managing in a Dynamic Environment* (New York: Quorum Books, 1989) .

[99] Almazan A. , Hartzell J. C. , Starks L. T. , 2005. "Active Institutional Shareholders and Cost of Monitoring: Evidence from Executive Compensation," *Financial management* 34 (4): 5 – 34.

[100] Almeida H. , Campello M. , 2004, "Financial Constrains, Asset Tangibility and Corporate Investment." SSRN Working Paper.

[101] Attig N, Cleary S. , Ghoul S. , 2013. "Institutional Investment Horizons and the Cost of Equity Capital," *Financial management* 42 (2): 441 – 477.

[102] Badrinath S. G. , Gay Gerald D. , Kate Jayant R. , 1989. "Patterns of Institutional Investment, Prudence, and the Managerial 'safety – net' Hypothesis," *The Journal of Risk and Insurance* 56 (4): 605 – 630.

[103] Baldenius Tim, 2003. "Delegated Investment Decisions and Private Benefits of Control", *The Accounting Review* 78 (4): 909 – 930.

[104] Bange, M. , De Bondt, W. 1997. "R&D Budgets and Corporate Earnings Targets." Working paper, University of Oregon.

[105] Baron R. M. , Kenny D A. 1986. "The Moderator – mediator Variable Distinction in Social Psychological Research: Conceptual, Strategic, and Statistical Considerations." *Journal of Personality and Social Psychology* (51): 1173 – 1182.

[106] Bartov E. , Radhakrishnan S. , Krinsky I. , 2000. "Investor Sophistication and Patterns in Stock Returns after Earnings Announcements," *The Accounting Review* 75 (1): 43 – 63.

[107] Belev B. , 2003. "Institutional Investors in Bulgarian Corporate Governance Reform: Obstacles or Facilitators?," *Journal of World Business* 38 (4): 361 – 374.

[108] Berle A. , Means G. C. , *The Modern Corporation and Private Property* (New York: MacMillan Publishing Company, 1932) .

[109] Bhattacharya S. , 1979. "Imperfect Information, Dividend Policy, and 'the Bird in the Hand' Fallacy," *Bell Journal of Economics* Spring: 259 – 270.

[110] Black B. , 1990. "Shareholder Passivity Reexamined," *Michigan Law Review* 89 (3): 520 – 608.

[111] Blair M. M. , *Ownership and Control: Rethinking Corporate Governance for the Twenty – first Century* (Washington, DC: The Brooking Institution Press, 1995) .

[112] Bond S. , Meghir C. , 1997. "Dynamic Investment Model and the Firm's Financial Policy," *Review of Economic Studies* 61 (2): 197 – 222.

[113] Brealey Richard A. , Myers Steward C. , 2000. "Principles of Corporate Finance (6th ed.)", Boston: Irwin/McGraw – Hill.

[114] Brickley J. A. , Lease R. C. , Smith C. W. , 1988. "Ownership Structure and Voting on Antitakeover Amendments," *Journal of Financial Economics* 20 (1): 267 – 291.

[115] Brown K. C. and Brooke B. A. , 1993. "Institutional Demand and Security Price Pressure: The Case of Corporate Spinoffs," *Financial Analysts Journal* 49 (5): 53 – 62.

[116] Bushee B. J. , Noe C. , 2000. "Corporate Disclosure Practices, Institutional Investors and Stock Return Volatility," *Journal of Accounting Research* 38 (Supplement): 171 – 202.

[117] Bushee B. J. , 1998. "The Influence of Institutional Investors on Mypic R&D Iinvestment Behavior," *The Accounting Review* 73 (3): 305 – 333.

[118] Bushee B. , 2004. "Identifying and Attracting the 'Right' Investors: Evidence on the Behavior of Institutional Investors," *Journal of Applied Corporate Finance* 16 (4): 28 – 35.

[119] Bushee B. J. , 1998. "The Influence of Institutional Investors on Myopic R&D Investment Behavior," *The Accounting Review* 73 (3): 305 – 333.

[120] Bushee, B. J. , 2001. "Do Institutional Investors Prefer Near – term

Earnings over Long – run Value？．” *Contemporary Accounting Research* 18 （2）：207 – 246.

[121] Bushee Brian J. , Mary Ellen Carter, Joseph Gerakos, 2008. “Institutional Investor Preferences for Corporate Governance Mechanisms,” Working Paper, http：//ssrn. com/abstract = 1070168, 2010.

[122] Carroll A. B. , *Business and Society：Ethics and Stakeholder Management* （*2nd Ed.* ）（ Cincinnati：South – Western Publishing, 1993）．

[123] Chaganti R. , Damanpour F. , 1991. “Institutional Ownership, Capital Structure, and Firm Performance,” *Strategic Management Journal* 12 （7）：479 – 491.

[124] Chen X. , Harford J. , Li K. , 2007. “Monitoring：Which Institutions Matter?” *Journal of Financial Economics* 86 （2）：279 – 305.

[125] Cheng CSA, Reitenga A. , 2009. “Characteristics of Institutional Investors and Discretionary Accruals,” *International Journal of Accounting and Information Management* 17 （1）：5 – 26.

[126] Chiu P. , Monin J. , 2003. “Effective Corporate Governance：from the Perspective of New Zealand Fund Managers,” *Corporate Governance：An International Review* （11）：123 – 131.

[127] Clarkson M. , 1994. “A Risk Based Model of Stakeholder Theory,” Proceedings of the Second Toronto Conference on Stakeholder Theory, Toronto：Center for Corporate Social Performance and Ethics, University of Toronto 5.

[128] Clarkson M. , 1995. “A Stakeholder Framework for Analyzing and Evaluating Corporate Social Performance,” *Academy of Management Review* 20 （1）：92 – 117.

[129] Coffee J. C. , 1991. “Liquidity Versus Control, the Institutional Investor as Corporate Monitor,” *Columbia Law Review* 91 （6）：1277 – 1368.

[130] Coles J. L. , Daniel N. D. , Naveen L. , 2008. “Boards：Does One Size Fit All?,” *Journal of Financial Economics* 87 （2）：329 – 356.

[131] Cornell B. , Shapiro A. C. , 1988. “Corporate Stakeholders and Cor-

porate Finance," *Financial Management* (spring): 5 – 14.

[132] Cornett M. M. , Marcus A. J. , Saunders A. , Tehranian H. , 2007. "The Impact of Institutional Ownership on Corporate Operating Performance," *Journal of Banking & Finance* 31 (6): 1771 – 1794.

[133] David P. , Kochhar R. , 1996. "Barriers to effective corporate governance by institutional investors: Implications for theory and practice," *European Management Journal* 14 (5): 457 – 466.

[134] Davis E. P. , Steil B. , *Institutional investors.* (Cambridge, Mass. : MIT Press, 2001).

[135] Davis G. , Kim E. H. , 2007. "Business Ties and Proxy Voting by Mutual Funds," *Journal of Financial Economics* 85 (2): 552 – 570.

[136] Dechow P. M. , Sloan R. G. , Sweeney A. P. , 1996. "Causes and Consequences of Earnings Manipulation: An Analysis of Firms Subject to Enforcement Actions by the SEC," *Contemporary Accounting Research* 13 (1): 1 – 36.

[137] Del Guercio D. , 1996. "The Distorting Effect of the Prudent Man Laws on Institutional Equity investments," *Journal of Financial Economics* 40: 31 – 62.

[138] Donaldson T. , Preston L. E. , 1995. "The Stakeholder Theory of the Corporation: Concepts, Evidence, and Implications," *Academy of Management Review* 20 (1): 65 – 91.

[139] Eakins S. G. , Stansell S. R. , Wertheim P. E. , 1998. "Institutional Portfolio Composition: An Examination of the Prudent Investment Hypothesis," *The Quarterly Review of Economics and Finance* (38): 93 – 109.

[140] Easterbrook F. , 1984. "Two agency – cost explanations of dividends," *The Economic Review* 75 (4): 650 – 659.

[141] Ecker F. , Francis J. , Kim, I. , Olsson P. M. , Schipper K. , 2006. "A Returns – based Representation of Earnings Quality," *The Accounting Review* 81 (4): 749 – 780.

[142] Elyasiani E. , Jia J. , 2008. "Institutional Ownership Stability and BHC

Performance," *Journal of Banking & Finance* 32 (9): 1767 – 1781.

[143] Espen Eekbo B, Verma S., 1994. "Managerial Shareownership, Voting Power, and Cash Dividend Policy," *Journal of Corporate Finance* 1 (1): 33 – 62.

[144] Falkenstein E. G., 1996. "Preferences for stock characteristics as revealed by mutual fund portfolio holdings," *The Journal of Finance* 51 (1): 111 – 135.

[145] Fama E. F, Jensen M. C., 1983. "Separation of Ownership and Control," *Journal of Law and Economics* 26 (2): 301 – 325.

[146] Fazzari S., Hubbard R. G., Petersen B. C., 1988. "Financing Constraints and Corporate Investment," *Brooking Papers on Economic Activity* (1): 141 – 206.

[147] Feng Z., Ghosh C., He F., Sirmans C. F., 2010. "Institutional Monitoring and REIT CEO Compensation," *Journal of Real Estate Finance and Economics* 40 (4): 446 – 479.

[148] Ferreira M., Matos P., 2008. "The colors of investor's money: the role of institutional investors around the world," *Journal of Financial Economic* 88 (3): 499 – 533.

[149] Freeman R. E., *Strategic Management: A Stakeholder Approach* (Pitman Publishing Inc, 1984.).

[150] Gaspar J. M., Massa M., Matos P., 2005. "Shareholder investment horizons and the market for corporate control," *Journal of Financial Economics* 76 (1): 135 – 165.

[151] Gaspar J., Massa M., Matos P., 2005. "Shareholder investment horizons and the market for corporate control." *Journal of Financial Economics* 76 (1): 135 – 165.

[152] Gedajlovic, E., Yoshikawa, T., Hashimoto, M., 2003. "Ownership structure, investment behavior and firm performance in Japanese manufacturing industries." SSRN Working Paper, Erasmus University Rotterdam, Nihon University and Nomura Research Institute.

［153］ Giannetti M. , Koskinen Y. , 2010. "Investor Protection, Equity Returns, and Financial Globalization. " *Journal of Financial and Quantitative Analysis* 45 (01): 135 – 168.

［154］ Gillan S. L. , Starks LT. , "Corporate Governance Proposals and Shareholder Activism: the Role of Institutional Investors. " *Journal of Financial Economics* 57 (2): 275 – 305.

［155］ Gillan, S. L. , Starks, L. T. , 2000. "Corporate Governance Proposals and Shareholder Activism: The Role of Institutional Investors. " *Journal of Financial Economics* 57 (2): 275 – 305.

［156］ Gompers, P. , Metrick, A. , 2001. "Institutional Investors and Equity Prices. " *Quarterly Journal of Economics* 116: 229 – 259.

［157］ Graves, S. B. , Waddock, S. A. , 1994. "Institutional Owners and Corporate Social Performance. " *Academy of Management Executive* 37 (4): 1034 – 1046.

［158］ Greenwald, B. C. , Stiglitz, J. E. , 1993. "Financial Market Imperfections and Business Cycles" . *The Quarterly Journal of Economics*, 108 (1): 77 – 114.

［159］ Grinstein Y. , Michaely R. , 2005. "Institutional Holdings and Payout Policy. " *The Journal of Finance* 60 (3): 1389 – 1426.

［160］ Grossman S. , Hart O. , 1980. "Takeover Bids, the Free Rider Problem, and the Theory of the Corporation. " *Bell Journal of Economics*11 (1): 42 – 64.

［161］ Gugler K. , Mueller D. C. , Yurtoglu B. B. , 2004. "Corporate Governance and the Returns on Investment," *Journal of Law and Economics* 47 (2): 589 – 633.

［162］ Hansen G. S. , Hill C. W. L. 1991. "Are Institutional Investors Myopic? A Time – series Study of Four Technology – driven Industries," *Strategic Management Journal* 12 (1): 1 – 16.

［163］ Hart O. , *Firm, Contracts, and Financial Structure* (London: Oxford University Press, 1995) .

［164］ Hartzell J. C. , Starks L. T. , 2003. "Institutional Investors and Executive Compensation," *The Journal of Finance* 58 (6): 2351 – 2374.

［165］ Healy P. M. , Wahlen J. M. , 1999. "A Review of the Earnings Management Literature and its Implications for Standard Setting," *Accounting Horizons* 13 (4): 365 – 383.

［166］ Healy P. M. , 1999. "Discussion of Earnings – based Bonus Plans and Earnings Management by Business Unit Managers," *Journal of Accounting and Economics* 26 (1 – 3): 143 – 147.

［167］ Helwege J. , Instintoli V. J. , Zhang A. , 2012. "A Voting with Their Feet of Activism? Institutional Investors' Impact on CEO Turnover," *Journal of Corporate Finance* 18 (1): 22 – 37.

［168］ Hill C. W. L. , Jones T. M. , 1992. "Stakeholder – Agency Theory," *Journal of Management Studies* 29: 127 – 154.

［169］ Hirschman A. O. , *Exit, Voice and Loyalty: Responses to Decline in Firms, Organizations, and States* (Cambridge, Mass: Harvard University Press, 1970) .

［170］ Hovakimian G. , Titman S. , 2002. "Corporate Investment with Financial Constraints: Sensitivity of Investment to Funds from Voluntary Asset Sales," NBER Working Paper No. 9432.

［171］ Jaggi B. , Tsui J. , 2007. "Insider Trading, Earnings Management and Corporate Governance: Empirical Evidence Based on Hong Kong Firms," *Journal of International Financial Management & Accounting* 18 (3): 192 – 222.

［172］ Janakiraman S. , Radhakrishnan S. , Tsang A. , 2010. "Institutional Investors, Managerial Ownership, and Executive Compensation," *Journal of Accounting, Auditing & Finance* 25 (4): 673 – 707

［173］ Jarrell G. A. , Lehn K. , Marr W. , 1985. "Institutional Ownership, Tender Offers and Long – term Investments. " Working paper, Washington: The Office of the Chief Economist, Securities and Exchange Commission.

［174］ Jensen M. C. , Meckling W. H. , 1976. "Theory of the Firm: Managerial Behavior, Agency Costs and Ownership Structure," *Journal of Financial Economics* 3 (4): 305 – 360.

[175] Jensen M. C. , 1986. "Agency Costs of Free Cash Flow, Corporate Finance and Takeovers," *The American Economic Review* 76 (2): 323 – 329.

[176] Jensen M. C. , 1993. "The Modern Industrial Revolution, Exit, and the Failure of Internal Control Systems," *The Journal of Finance* 48 (3): 831 – 880.

[177] Jiambalvo J. , Rajgopal S. , Venkatachalam M. , 2002. "Institutional Ownership and the Extent to Which Stock Prices Reflect Future Earnings," *Contemporary Accounting Research* 19 (1): 117 – 145.

[178] Johnson E. C. , 1990. "An Insider's Look at Institutional Investors," *Harvard Business Review* 4: 195 – 196.

[179] Johnson S. , Porta R. L. , Lopez – de – Silanes F. , Shleifer A. , 2000. "Tunnelling," NBER Working Paper No. 7523, 2000.

[180] Joseph A. McCahery, Zacharias Saunter, Laura T. Starks. , 2010. "Behind the Scenes: the Corporate Governance Preference of Institutional Investors," *Journal of Finance* 235/2009 (October): 2905 – 2932.

[181] Kaplan S. N. , Stromberg P. , 2001. "Venture Capitalists as Principals: Contracting, Screening, and Monitoring," NBER Working Papers No. 8202.

[182] Karpoff J. , Malatesta P. , Walkling R. , 1996. "Corporate Governance and Shareholder Initiatives: Empirical Evidence," *Journal of Financial Economics* 42 (3): 365 – 395

[183] Kim O, Verreechia R E. , "Market Liquidity and Volume Around Earnings Announcements," *Journal of Accounting and Eeonomics* 17 (1): 41 – 67.

[184] Kim O. , Verrecchia R. E. , 1994. "Market Liquidity and Volume around Earnings Announcements," *Journal of Accounting and Economics* 17 (1 – 2): 41 – 67.

[185] Koehhar R, David P. , 1996. "Institutional Investors and Firm Inno-

vation: A Test of Competing Hypotheses," *Strategic Management Journal* 17 (1): 73 – 84.

[186] Koh P., 2003. "On the Association between Institutional Ownership and Aggressive Corporate Earnings Management in Australia," *The British Accounting Review* 35 (2): 105 – 128.

[187] La Porta R., Lopez – de – Silanes F., Shleifer A., Vishny R., 1998. "Law and Finance," *Journal of Political Economy* (106): 1113 – 1115.

[188] La Porta, R., Lopez – de – Silanes, F., Shleifer A. 1999., "Corporate Ownership around the World," *The Journal of Finance* 54 (2): 471 – 517.

[189] Lashbrooke Jr. E. C., 1995. "The Divergence of Corporate Finance and Law in Corporate Governance," *South Carolina Law Review* 46 (3): 449 – 469.

[190] Lipton M., Rosenblum S. A., 1991. "A New System of Corporate Governance: The Quinquennial Election of Directors," *The University of Chicago Law Review* 58 (1): 187 – 253.

[191] Mark K, Clifford F T., 1995. "A Test of Stulz's over Investment Hypothesis," *Financial Review* 30 (3): 387 – 398.

[192] McConnell J. J., Servaes H., 1990. "Additional Evidence on Equity Ownership and Corporate Value," *Journal of Financial Economies* 27 (2): 595 – 612.

[193] McConnell J. J., Muscarella C. J., 1985. "Corporate Capital Expenditure Decisions and the Market Value of the Firm," *Journal of Financial Economics* 14 (3): 399 – 422.

[194] Miguel A. F, Pedro M., 2008. "The Colors of Investors'Money: The Role of Institutional Investors around the World," *Journal of Financial Economics* 88 (3): 499 – 533

[195] Miller M. H., 1995. "Do the M & M Propositions Apply to Banks?," *Journal of Banking & Finance* 19 (3): 483 – 489.

[196] Mitchell R. K., Agle B. R., Wood D. J., 1997. "Toward a Theo-

ry of Stakeholder Identification and Salience: Defining the Principle of Who and What Really Counts," *Academy of Management Review* 22 (4): 853 – 886.

[197] Modigliani F. , Miller M. H. , 1958. "The Cost of Capital, Corporation Finance and the Theory of Investment," *The American Economic Review* 48 (3): 261 – 297.

[198] Moh'd M. A. , Perry L. G. , Rimbey J. N. , 1995. "An Investigation of the Dynamic Association between Agency Theory and Dividend Policy," *Financial Review* 30 (2): 367 – 385.

[199] Morck R. , Shleifer A. , Vishny R. W. , 1988. "Management Ownership and Market Valuation: An Empirical Analysis," *Journal of Financial Economics* 20 (1 – 2): 293 – 315.

[200] Morck R. , Shleifer, A. , Vishny, R. W. , 1990. "Do Managerial Objectives Drive Bad Acquisitions?" *The Journal of Finance* 45 (1): 31 – 48.

[201] Murphy K, Van Nuys K. , 1994. "State Pension Funds and Shareholder Inactivism," Unpublished working paper, Harvard Business School, Cambridge.

[202] Myers S. C. , Majluf N. S. , 1984. "Corporate Financing and Investment Decisions when Firms Have Information that Investors Do Not Have," *Journal of Financial Economics* 13 (2): 187 – 221.

[203] Myers S. C. , 1977. "Determinants of Corporate Borrowing," *Journal of Financial Economics* 5 (2): 147 – 175.

[204] Nickell S, Nicolitsas D, Dryden N. , 1997. "What Makes Firms Perform Well?" *European Economic Review* 41 (3 – 5): 783 – 796.

[205] Opler Tim. C. , Sokobin Jonathan S. , 1995. "Does Coordinated Institutional Shareholder Activism Work? An Analysis of the Activities of the Council of Institutional Investors," Dice Center For Research In Financial Economics, Working Papers Series 95 – 5.

[206] Ozkan N. , 2007. "Do Corporate Governance Mechanisms Influence

CEO Compensation? An Empirical Investigation of UK Companies," *Journal of Multinational Financial Management* 17 (5): 349 – 364.

[207] Pinnuck M., 2004., "Stock Preferences and Derivative Activities of Australian Fund Managers," *Accounting and Finance* 44: 97 – 120.

[208] Pound J., 1988. "Proxy Contents and the Efficiency of Shareholder Oversight," *Journal of Financial Economics* 20 (1 – 2): 237 – 265.

[209] Pozen R. C., 1994. "Institutional Investors: the Reluctant Activists," *Harvard Business Review* (1 – 2): 140 – 149.

[210] Richardson Scott A., 2006. "Over – invest of Free Cash Flow," *Review of Accounting Studies* 11 (2 – 3): 159 – 189.

[211] Rubach M. J., Sebora T. C., 2009. "Determinants of Institutional Investor Activism: A Test of the Ryan – Schneider Model (2002)," *Journal of Managerial Issues* 21 (2): 245 – 261.

[212] Ryan L. V., Schneider M., 2002. "The Antecedents of Institutional Investor Activism," *Academy of Management Review* 27 (4): 554 – 573.

[213] Seki T., "Legal Reform and Shareholder Activism by Institutional Investors in Japan," *Corporate Governance: An International Review* 13 (3): 377 – 385.

[214] SharpeW. F., 1992. "Asset Allocation: Management Style and Performance Measurement," *Journal of Portfolio Management* 18 (2): 7 – 19.

[215] Shleifer A. Vishny R., 1997. "A Survey of Corporate Governance," *Journal of Finance* 52: 737 – 783.

[216] Shleifer A., Vishny R. W., 1986. "Greenmail, White Knights, and Shareholders' Interest," *Rand Journal of Economics* 17 (3): 293 – 309.

[217] Short H, Zhang H, Keasey K., 2002. "The Link between Dividend Policy and Institutional Ownership," *Journal of Corporate Finance* 8 (2): 105 – 122.

[218] Sloan R. G., 1996. "Do Stock Prices Fully Reflect Information in Accruals and Cash Flows about Future Earnings?," *The Accounting Review* 71 (3): 289 – 315.

[219] Stapledon G. P. , *Institutional Shareholders and Corporate Governance.* (Oxford: Clarendon Press, 1996.) .

[220] Stiglitz, J. E. , Weiss, A. , 1981. "Credit Rationing in Markets with Imperfect Information," *The American Economic Review* 71 (3): 393 – 410.

[221] Strong J. S. , Meyer J. R. , 1990. "Sustaining Investment, Discretionary Investment, and Valuation: a Residual Funds Study of the Paper Industry," in *R. GLENN HUBBARD*, ed. , *Asymmetric Information, Corporate Finance, and Investment* (Chicago, IL, University of Chicago Press, 1990), p. 127 – 148. .

[222] Stulz R. M. , 1990. "Managerial Discretion and Optimal Financing Policies," *Journal of Financial Economics* 26 (1): 3 – 27.

[223] Sundaramurthy C. , Roades D, Rechner P. , 2005. "A Meta – analysis of the Effects of Executive and Institutional Ownership on Firm Performance," *Rechner Journal of Managerial Issues* 17 (4): 494 – 503

[224] Useem M. , Bowman E. , Myatt J. , Irvine C. , 1993. "US Institutional Investors Look at Corporate Governance in the 1990's. " (11): 175 – 189.

[225] Vafeas N. , 1999. "Board meeting frequency and firm performance," *Journal of Financial Economics* 53 (1): 113 – 142.

[226] Velury U, Jenkins D S. , 2006. "Institutional Ownership and the Quality of Earnings," *Journal of Finance* 59 (9): 1043 – 1051.

[227] Vogt S. C. , 1994. "The Cash Flow/Investment Relationship: Evidence from U. S. Manufacturing Firms," *Financial Management* 23 (2): 3 – 20.

[228] Wahal S. , McConnell J. J. , 2000. "Do Institutional Investors Exacerbate Managerial Myopia?," *Journal of Corporate Finance* 6 (3): 307 – 329.

[229] Wahal S. , 1996. "Pension Fund Activism and Firm Performance" *Journal of Financial and Quantitative Analysis* 31 (1): 1 – 23.

[230] Walther B. R. , 1997. "Investor Sophistication and Market Earnings Expectations," *Journal of Accounting Research* 35 (2): 157 – 192.

[231] Welch I. , 2002. "Columbus's Egg: The Real Determinant of Capital

Structure," *NBER Working Paper No.* 8782.

［232］ Wohlstetter C. , 1993. "Pension Fund Socialism: Can Bureaucrats Run the Blue Chips?" *Harvard Business Review* 71 (6): 56 – 88.

［233］ Woidtke T. , 2002. "Agents Watching Agents?: Evidence from Pension Fund Ownership and Firm Value," *Journal of Financial Economics* 63 (1): 99 – 131.

［234］ Yan X. X. , Zhang Z. , 2009. "Institutional Investors and Equity Returns: are Short – term Institutions Better Informed?," *Review of financial studies* 22 (2): 893 – 924.

［235］ Yang W. , 2005. "Corporate investment and value creation," Working paper.

［236］ Yermack D. , 1996. "Higher Market Valuation of Companies with a Small Board of Directors," *Journal of Financial Economics* 40 (2): 185 – 211.

［237］ Zwiebel J. , 1996. "Dynamic Capital Structure under Managerial Entrenchment," *The American Economic Review* 85 (5): 1197 – 1215.

图书在版编目(CIP)数据

机构投资者持股、公司投资与公司业绩 / 徐爱玲著
. -- 北京:社会科学文献出版社,2017.6
(华侨大学哲学社会科学文库. 管理学系列)
ISBN 978 - 7 - 5201 - 0874 - 4

Ⅰ.①机⋯ Ⅱ.①徐⋯ Ⅲ.①机构投资者 - 研究
Ⅳ.①F830.59

中国版本图书馆 CIP 数据核字(2017)第 115090 号

华侨大学哲学社会科学文库·管理学系列
机构投资者持股、公司投资与公司业绩

著　　者 / 徐爱玲

出 版 人 / 谢寿光
项目统筹 / 王　绯
责任编辑 / 赵慧英　吕　颖

出　　版 / 社会科学文献出版社·社会政法分社 (010) 59367156
　　　　　　地址:北京市北三环中路甲 29 号院华龙大厦　邮编:100029
　　　　　　网址:www.ssap.com.cn
发　　行 / 市场营销中心 (010) 59367081　59367018
印　　装 / 北京季蜂印刷有限公司

规　　格 / 开本:787mm × 1092mm　1/16
　　　　　　印张:13.5　字数:212 千字
版　　次 / 2017 年 6 月第 1 版　2017 年 6 月第 1 次印刷
书　　号 / ISBN 978 - 7 - 5201 - 0874 - 4
定　　价 / 59.00 元